단념하듯 무심하게

문학공방

잔잔하고 고요하게 ~~~~ 단념하듯 무심하게

더 힘차게 헤엄치기 위한 힘

 그동안 많은 일이 있었습니다. 겉은 고요한 바다였지만, 마음속은 세찬 비바람이 쏟아지고 해일이 몰아쳤습니다. 하루, 이틀, 매일을 걱정과 고민 속에 지냈습니다. 욕심을 내려놓으면 괜찮을 줄 알았는데, 아니었습니다. 꿈을 향해 불같이 달려 들었던 마음은 하얗게 식어 숨죽이고 있었습니다.

 에세이 『그 순간 최선을 다했던 사람은 나였다』를 출판하고 나서는 '뭘 해야 하나'는 생각이 들었습니다. 글을 계속 써야 할지, 내가 글을 쓴다고 뭐가 달라질 지, 자존감만 깎아 내리는 생각들만 했습니다.

 평범한 일상을 보내던 어느 날, 퇴근 후 방구석이 널브러져 누워있다 문득 대학시절 찍어둔 셀프 카메라를 발견했습니다. 오래된 파일이라 해상도가 낮았지만, 그 영상에는 좀 더 뜨거운 감정이 뿜어져 나왔습니다. 삐죽삐죽 땀을 흘리면서도 해맑게 웃고 있는 예전 저의 모습이 가슴을 찔렀습니다.

일기장의 한쪽 귀퉁이에 '*기록은 훗날 시간여행을 할 수 있는 타임머신이 된다*'라고 써봅니다. 다 망가지고, 다 실패하고, 무엇을 해도 잘 안 될 것만 같았던 내 인생이, 실은 그만한 매력이 있다는 것을 나는 잠시 잊고 있었나 봅니다.

다짐 후 제 삶은 달라졌습니다. 텅 비어있던 제 삶은, 어떤 날엔 공감이 가는 글귀를 짓기 위해 고심하는 작가로, 좋아하는 일을 찾아 하루의 절반을 채우는 직장인으로, 고민을 진지하게 들어주는 누군가의 언니로, 그렇게 '*김희영*'이라는 한 사람으로 쓰이기 시작했습니다. 모든 것이 좋아하는 일 투성이었기 때문에 저는 하루를 더 행복하고 알차게 보낼 수 있게 되었습니다.

여러 가지 일을 한꺼번에 한다는 것은 참으로 고된 일입니다. 체력이 없어 골골거리는 날도 있었지만, 마음이 궁핍하지 않으니 아무래도 좋은 시간들이었습니다. 마음이 건강한 일, 하루가 다르게 사라져 가는 것만 같던 제 자신을 지키는 일이 됐습니다.

앞으로 쓰일 이 글은 제 인생을 사랑하며 쓴 일기입니다.
책 속의 기록들이 여러분의 가슴 한 편에 희망으로 싹트길 바랍니다.

차례

더 힘차게 헤엄치기 위한 힘 · 006

1장 감각은 무뎌지고 영혼은 길을 잃었네

아무리 노력해도 닿지 않는 꿈에 대하여 · 015
온전한 나의 생 · 020
나의 페르소나 · 024
침묵하는 사회 · 028
무던하게 살기 · 030
그런 생 · 034
오늘의 실수에 대하여 · 036
어제의 후회에 대하여 · 040
나의 욕심에게 · 044
추락 · 048
책임감 · 054
고요의 밑바닥 · 058
사람들의 원동력 · 062
감정의 바다에서 날 만난다면 · 066
각자의 생 · 072
술 · 076

2장 나를 사랑하면 빛날 수 있어

스러져가는 빛 · 083

여유를 갖는 마음 · 086

불완전하면서도 완벽했다 · 088

우리의 원동력은 추억이 아니라 불행이었어 · 092

창 · 096

새하얗게 다시 · 100

크리스마스 · 104

첫눈 · 108

새해 · 112

꽃샘추위 · 116

게으름에 대하여 · 120

불확실한 미래에 대하여 · 126

휴식을 취하는 방법 · 132

나를 내려놓을 용기 · 136

미래를 지우는 연습 · 138

사랑하는 방법 · 144

과정에는 정답이 없다 · 150

여유롭게, 적정하게 · 154

내 방식대로 살아가기 · 160
운명에 대항하고 싶었던 마음 · 164
행복해지기 위해 집착하지 말자 · 168
눈물 냄새 · 172
비틀려 여위기 전까지 · 174
단념하듯 무심하게 · 178
아프지 않게 넘어지기 · 186
결정하는 마음 · 190
열심히 살지 말 것 · 194
거짓 위로 · 198
마음 다스리는 법 · 202

3장 우리, 함께 불완전하거나 완벽하거나

모두의 자존감 · 209

스물아홉의 대화 · 214

'멋짐'에 취하지 말 것 · 218

폭풍우가 지나면 · 222

서른에 대하여 · 220

대화 · 234

나답게 살기 · 240

엄마의 치아 · 244

계획을 이루는 기분 · 248

영원하지 않은 것들에 대하여 · 254

밀어붙일 용기 · 256

우리의 꿈에 대하여 · 260

내가 사랑하는 사람들에게 · 268

1장

작열하는 태양 아래
감각은 무뎌지고
영혼은 길을 잃었네

이제 나는 심적으로도, 정신적으로도 많이 쇠약해졌다. 더는 앞으로 나아갈 자신도, 행복해지고 싶은 마음도 없었다. 삶에 대한 안정감은 열정을 죽여 없애고 세상의 변두리 밖으로 내모는 것이 아니라, 나를 더 늙고 병들게 만드는 것만 같았다. 나는 병들기 싫어 아득바득 발악하고, 조금이라고 더 뜨거워지고 싶어 운명을 거스르는 어리석은 사람에 불과했다. 그런 욕망이 오늘날의 나를 더욱 슬프게 만들었다. 지나버린 일들에 대한 후회와 어딘가 찝찝했던 결정과 세상을 몰랐다는 알량한 변명만이 내 주위를 맴돌 뿐이었다.

아무리 노력해도 닿지 않는 꿈에 대하여

 모든 꿈이 같은 색깔일 수는 없는 걸까? 분명 같은 온도에서 시작했는데, 끝은 다들 제각각의 색깔로 달라져 있었다. 꿈을 좇는 목적지는 달랐지만, 미래를 위해 오늘을 희생하는 시간은 분명 같았다. 꿈을 가진 이들은 그 애증하는 시간들을 달게 견디며, 희망찰 미래를 꿈꾸곤 했었다.

 시간은 모든 것을 으스러뜨리기에 충분했다. 의지도, 희망도, 꿈도, 체력도. '열정'이라는 달콤한 단어 밑에 깔려 눈물을 훔쳤다. 아무도 우리의 무거운 '욕심'을 대신 치워주는 이가 없었다. 결국 수많은 시간들을 희생시키고 나서야 열정은 미련을 남겼다. 꾸역꾸역 해낸다는 말이 점점 싫어지게 되었다. 그 열정 많은 꿈을 사랑하지 않게 되었다.

 현실에 굴복하지 않기 위해 아등바등 살아왔다. 어떤 친구는 노래를 하면서, 어떤 친구는 공부를 하면서, 또 나는 글을 썼다. 혼자서만 열심히, 어떤 형식이나 틀에 구애받지 않고 만들어냈던 작품이었다. 그러나 열정은 결국 눈에 보이는 결과물을 원했다. 어떤 친구에게는 대중의 관심을, 어떤 친구에게는 합격이라는 증표를, 또 어떤 나에게는 실력에 대한 타인의 인정을 보여달라고 했다. 꿈은 열심히만 해서는 절대 이루어지지 않았.

그러던 어느 날, 노래를 하던 친구가 손끝에서 부서져가는 꿈을 놓으며 말했다.

"돈 벌어야겠다는 생각이 커졌어. 그래서 난 널 응원해. 난 현실에 찌들었는데, 넌 아니잖아."

우리는 늘 같은 방향을 향해 걸어왔는데, '넌 아니잖아'라는 말로 한 순간 우리의 길이 무너진 느낌이 들었다. 나는 갑자기 울적해졌다. '넌 아니잖아'라는 말이 '넌 해낼 거야'라고 번역되면서, '그래, 난 해야만 해'로 들렸다. 나만은 포기해서는 안 될, 이 끝나지 않는 여정을 꿋꿋이 걸어가야만 했다.

그리고 그때 즈음, 몇 달 전 투고했던 공모전에서 수상작이 발표됐다는 소식이 전해졌다. 공개적으로 발표된 건 아니었지만, 수상 소식을 개별적으로 연락받은 이들이 커뮤니티에 글을 올린 것이었다. 역시나 이번에도 떨어졌다. 그런데 이상하게도 생각보다 마음이 참담하지는 않았다. 기분이 썩 나쁘지 않았다. 그리고 이제 더는 '난 글을 잘 쓰지 못해'와 같은 자멸에 시달리지도 않았다.

아무리 노력해도 닿지 않는 꿈에 대해, 나를 수없이 깎아 내려왔다. 그동안, 질리도록 그렇게 살아왔다. 이제는 눈물 따위도, 세상에 대한 분노 따위도 느껴지지 않았다. 그저 차분하게 다른 것을 하면 되는 일이었다. 무서울 정도로 침착해졌다.

좋아하는 걸 꼭 "꿈"이라고 부를 필욘 없어

 작가가 되는 것은, 언젠가 내 열렬한 꿈이었다. 그러나 사실상 작가라는 것은 별게 없었다. 글을 쓰면 작가가 되는 세상이었다. 그러니 세상의 인정을 받을 필요도, 글을 잘 쓰지 못한다고 자책할 필요도 없었다. 그저 나의 글을 좋아해 주는 사람이 있으면 됐고, 투박하고 못난 글이라도 꾸준히 써 나가면 됐다.

 현실에 집착했던 적도 있었다. 우리가 꾸는 꿈은 현실과는 거리가 멀었으니까. 배 곯지 않으려면 꾸준히 밥벌이를 해야만 했다.

 '조금만 더 버티자, 조금만….'

 차가운 현실을 마주하면서 구멍 뚫린 젠가처럼 무너져버렸다. 세상은 이제 대놓고 꿈을 포기하라고 했다. 그런 이상적인 것에 언제까지 젖어 있을 거냐며, 공들여 쌓아 온 모든 것들을 박살내고 때려 부쉈다.

 나는 하나 둘 무너져가는 친구들을 바라보면서 이제 웃을 수도, 울 수도 없었다. 지금 내가 할 수 있는 일은, 현실과 타협하는 것뿐이었다. 그건 '포기'가 아니었다. 조금씩 내 영혼을 갉아먹으면서 지켜온 나의 의지를 위해, 오롯한 나의 꿈을 위해, 그리고 건강한 마음을 위해, 현실과의 조정이 필요했다.

여태껏 쌓아온 나의 꿈을 한 번에 허물 자신은 없다. 단지 꾸준히, 나의 꿈과 내 모습을 사랑하는 것 뿐이다. 이런 의미로 나의 여정은 '언젠가는 해낸다' 영역이었다.

내가 좋아하는 것을 '꿈'이라는 거창한 말로 포장할 필요는 없었다. 그것은 이제 나의 '일상'이 되어 버렸으니까. 우리가 당연히 밥을 먹고, 잠을 자는 것처럼, 어쩌면 떼려야 뗴낼 수 없는 내 청춘의 일상이 되었다.

~~~

이제 나는 흔들리지 않는다. 글을 잘 못 쓰는 것 같다고 우는 소리 하지도 않고, 인정 받지 못하는 글을 쓴다고 화를 내지도 않는다.

투정 같은 글이라도 괜찮다. 오히려 덤덤하게 '다음에 또 도전하면 되지'와 같은 소탈함이 좋다. 앞으로도 내가 좋아하는 글쓰기, 내 글을 읽고 위로를 받는 사람들을 위해 꾸준히 쓸 테니까. 깨지지 않는 꿈에게, 콩주머니 같은 시간 한 개, 한 개씩 던질 것이다. 그럼 언젠가 펑, 하고 꿈이 터질 날이 오지 않을까?

추운 겨울 같은 시절을 견뎌 나간다는 건, 정말 괴로운 일이다. 빛이 없는 터널을 묵묵히 걸어가는 일. 그 길이 얼마나 힘든 줄 알기에, 나는 친구에게 "조금만 더 해보자"는 말을 할 수 없었다. 하지만 실타래 같이 얇은 희망이라도, 꿈을 가진 친구들이 쥐고 있었으면 좋겠다. 포기하지 않으면, 언젠가 아주 작은 빛이라도 만날 날이 오지 않을까? 한때 온 시간과 몸을 바쳐 꿈을 사랑했던 이들을 떠올려 본다. 울렁거리는 가슴을 안으며, 이 글을 마친다.

온전한 나의 생

인생이 늘 평탄하지만은 않으리라. 힘겹게 버텨왔으나 정작 아무것도 아닌 경우도 많았고, 올바르게 가고 있다고 생각했는데 남들과는 정반대의 길을 걷고 있기도 했다. 그럴 때마다 나의 선택에 한탄하며 '*왜 난 이렇게 밖에 하지 못했을까?*' 생각하기도 했다.

왠지 남들은 다 잘 선택하며 살아가는 것 같았다. 자신의 꿈을 향해 나아가고 있는 사람도 대단해 보였고, 직장에서 자신의 커리어를 쌓아가는 사람도 멋져 보였다. 그 사이에서 나는 언제쯤 저렇게 멋진 사람이 될까, 부러워하면서 한 편으로는 불안해했다.

나의 20대는 불안의 연속이었다. 이렇게 가야겠다고 확신을 두고 움직이기 시작하면, 이상하게 불안한 마음들이 제 몸집을 부풀렸다. 그 증폭을 타인에게 드러내지 않기 위해 무던 애를 썼다. 지혜롭게 헤쳐 나가는 다른 사람들에 비해, 나는 너무 연약하게만 보였다. 힘들어도 힘들다고 내색하지 않고, 굳건히 버티면 되는 줄 알았다. 그럼 작은 상처에도 아랑곳하지 않고 더 완벽한 목표를 향해 꿋꿋이 나아갈 수 있을 줄 알았다.

 나의 세상이 무너져가는 것을 두 눈으로 목격한다는 건, 참으로 참혹한 일이었다. 강풍 앞에 놓인 모래성처럼 파스스 부서져 버리던 꿈. 완전히 무너지기 전에 작은 희망이라도 지켜내기 위해서는 현재의 내가 선택을 잘해야만 했다. 때로 삶의 가치관은 '실패는 성공의 어머니'라는 멋들어진 명언처럼 정의되지 못했다. 다시는 일으켜 세울 수 없는 온전한 실패는, 다시 일어날 수도 없게 짓이기고 뭉개려 했다.

 세상은 어떤 게 정답이라고 일러주지 않았다. 다만 다른 사람들은 어떤 식으로 살아가는 지를 모범답안처럼 보여주었다. 마치 이렇게만 살면 후회 없이 살 수 있다는 듯이, 성공할 수 있다는 듯이, 꿈을 이룰 수 있다는 듯이 말했다.

 그러나 아무리 성공한 이들이 자신의 무용담을 늘어놓더라도, 그것이 반듯한 삶의 정답은 아니었다. 기준에서 어긋나든, 감정에 흔들리든, 엎어지고 쓰러지고 좌절하든, 온전한 '나만의 길'이 아니라면 무의미한 것이었다. 성공한 이들의 삶을 경청할 때는, 타인의 삶을 곧이곧대로 따라 하라는 의미는 아닐 테다. 성공하면서 겪었던 수많은 고난과 역경을 견뎌내며, 현재의 꿈을 이뤄낸 그 모습. 그 힘듦과 수고로움을 감내하며 견뎌낸 세월에서 배울 점을 찾고, 현재 걸어가는 발걸음에 조금 더 힘을 실어 나아가라는 의미일 테다. 힘듦을 겪지 않고 쉽게 얻어지는 성공은 없다고, 현재의 자신이 힘든 것처럼 모두가 성공을 향해 수고를 감수하며 나아왔다는 사실을 깨닫는 것이다.

그러니 남들의 성공 기준에 나의 인생을 끼워 맞출 필요는 없다. 그 당시 선택이 내가 맞으면 맞는 거고, 그걸로 후회가 없을 것 같다면 내 선택에 책임을 지면 되는 것이다.

불안 속에서 살아간 20대를 돌아보면, 나는 그때의 삶을 후회하지 않았다. 최선을 다해 살았고, 누군가를 열심히 사랑했고, 나름의 행복을 찾으려 애썼다. 그 과정에서 가장 불행했던 것은 끊임없이 쏟아낸 무의미한 질문, *'내가 이렇게 살아도 되나?'* 였다.

현재의 내가 어떤 목표를 이루기 위해 나아감에 있어서, 무척 고독하고 힘들다면 잘 하고 있는 것이다. 그러니 타인의 눈총에 움츠려있지 않았으면 한다. 세상은 어떻게 살아야 하는지 알려주지 않았다. 그 말은, 어떻게든 살아도 된다는 뜻이기도 했다. 남들이 누구나 하는 선택, 정답, 방향 같은 것들을 굳이 내 인생에 끼워 맞추지 않아도 된다. 나만의 길을 걸어가는 것, 그 길이 설령 고독하고 외로울지라도 묵묵히 걸어 나가자. 삶을 살아가며 타인에게 털어놓는 것으로 나의 짐을 덜어낼 수는 있겠지만, 결국 이 생은 온전히 나의 것이니까.

나의 페르소나

마음의 책장 사이사이에 숨어 있는 나의 수많은 페르소나. 그들의 얼굴을 보면 한 가지 공통점이 있었다. 바로 서로가 서로를 닮고 싶어 한다는 것. 그 수많은 욕심의 얼굴이 뭉쳐 지금의 내가 만들어졌겠지만, 아무리 생각해도 이상하다. 왜 하나의 마음 속은 하루에도 수십 번씩 들끓는지를.

어떤 날은 우울함의 가면을 뒤집어 쓰고는 하루 종일 내 마음의 밑바닥을 들여다보았다. 그곳에서의 나는 의지가 꽤나 바닥이어서, 어둠 속에서 슬피 울고 있다. 그러나 또 어떤 날의 나는 그런 모습을 드러내 보이지 않으려 애쓰고 있었다. 우울하지도, 어둡지도 않은, 그저 한없이 밝은 모습만을 비추고 싶어 했다.

먹구름 뒤에 숨은 번개같은 페르소나가 내 정신과 마음을 들쑤실 때면, 삶에 대한 불안감이 더욱 더 극심해졌다. 그 페르소나의 이름은 우울이었다. 분위기에 취해 가끔 들떠있곤 했던 마음조차 잠식해버리는 그 우울의 푸른 눈은, 하루 종일 내가 어떻게 살아가나 매섭게 노려보는 듯했다. 언제까지 그렇게 밝을 수 있겠느냐며, 밝은 척하는 모습마저 일그러뜨려버리겠다는 듯이 일렁거렸다.

'어떻게' 살아야 하느냐고 세상에 하소연하던 나는 어느새, '왜' 살아야 하는지 질문을 뱉기 시작했다. 질문의 정도에도 층간이 있다면, 나는 한창 밑바닥까지 내려온 기분이었다. '어떻게' 살아야 하느냐 물을 때는, 정말 살고자 하는 의지가 있을 때였다. 방법만 찾으면 지금의 에너지로 열심히 살아갈 수 있을 것 같은데, 그땐 방법을 몰랐다. 이것도 저것도 다 어리석은 방법처럼 느껴졌다. 삶을 어떻게 살아야 바르게 사는 줄도 모르는 체, 조금 영악해져도 되는 삶을 바르고 정직하게만 사려고 부단히 애썼다.

 반듯하게 살아 가려고 노력하는 나를 두고 모두가 앞서서 달려갈 때, 나는 점점 더 멀어져 가는 희망과 꿈을 바라보았다. 손에 잡힐 듯 잡히지 않는 것들은 오히려 나에게 좌절감만 안겼다. 한때는 나에게 삶의 원동력을 주던 것들이었다. 내가 간절히 희망하던 것들이 멀어지고 있다고 생각하자, 나의 삶은 부서지기 시작했다. 부서진 그릇을 다시 이어 붙일 수 없듯, 내 인생도 그렇게 으스러지는 기분이 들었다.

 그때야 나는 '어떻게' 살아야 하는지 묻지 않았다. 이렇게 힘든 삶, 대체 '왜' 살아야 하는지를 물었다. 그러나 세상은,

그리고 수많은 사람은 모두 '왜' 살아야 하는지에 대한 질문에 명쾌한 답을 내놓지 못했다. 모두들, 그저 그렇게 사는 것이라고, 너만 힘든 것이 아니라고 되레 위로 같지 않은 위로를 던졌다.

그때 나의 우울의 페르소나는 눈을 떴다. 그 푸르고 짙은, 어쩌면 아주 차갑고 또 한편으론 따뜻하기도 한, 그 아득하고 깊은 파랑의 우울 속에 내 영혼을 집어넣었다. 나는 점점 더 헤어 나올 수 없게 되었고, 꼬르륵 소리를 내며 물 속에 잠겼다. 아무도 나의 목소리를 듣지 못했다. 어떻게 살아야 하느냔 나의 질문과 왜 살아야 하느냔 나의 의문에 정답을 찾지 못한 채 한없이 밑으로, 밑으로 가라 앉았다.

생각해보면 오히려 나를 진심으로 어루만져주는 것은 우울의 페르소나였다. 그 친구는 언제고 내가 울적할 때마다 함께 울적해있곤 했다. 우울이 더 짙은 우울을 낳았다. 그 우울함이야 말로, 삶을 왜 살아야 하는지에 대한 답을 주었다. 그렇게 아등바등 애쓰며 살 필요가 없다고 말하고 있었.

여전히 답이 없는 인생을 끌어안고 살아가고 있다. 우울, 그 짙은 파랑 속에 몸을 담근 채 하염없이 흘려보내고 있다. 모두가 하루하루 의미 없이 살아간다고 말한다면, 나의 이런 하루조차도 나 자신에게 용서가 될까. 그래도 한때는 열정에 불타올랐던 내가, 의기소침하고 의지가 빠진 사람만은 되지 말자고 되뇌던 내가, 과연 지금의 나를 따뜻하게 안아줄 수 있을까? 확실히 모르겠다.

분명한 것은, 새벽의 우울과 밤의 눈물과 감정의 파랑은 오히려 동요하지 않고, 나를 끊임없이 우울의 낙원으로 인도한다는 것. 우울함에 휘몰아쳐 헤어 나오지 못할 때는, 그땐 깊은 심해에 얼굴을 처박고 있어도 되는 걸까? 그 모든 게 괜찮다고 한다면, 나는 오늘 조금 더 괜찮아질 수 있을까? 스스로 묻고, 스스로 답을 찾으려는, 이 지겹고도 당연한 삶의 질문들을 곱씹어 본다.

침묵하는 사회

왜 우린 늘 그렇게 고귀하게 부서져야만 했던 걸까
왜 심해 깊은 곳까지 끌려 들어가야만 했을까
왜 벅차다고 말하지 못했을까

무엇이
우리의 입술을 바짝 메마르게 만들었고,
두 눈의 총기를 잃게 만들었고,
마음을 이토록 황폐하게 만들었을까

나 때문이라고 자책하기에는
수없이 찌그러지고 상처받으며 굴러온 영혼이 안타까워서
다른 것을 탓하기에는
그 탓으로 돌아올 수많은 화살이 무서워서

야윈 영혼을 꽁꽁 싸매고
마음 속 심해에 깊은 동굴을 만든다

괜히 힘들다고 한 번 뱉어 본 말에
무수한 상처를 받게 될까 봐
그렇게 더 걷잡을 수 없이 깊은 어둠에 잠기게 될까 봐
그땐 나 자신도 꺼내 줄 수 없을 만큼
죽음의 그늘에 드리워져 있을까 봐

입을 다문다

삶의 이유도 찾지 못한 채 그저,
살기 위해서

무던하게 살기

 나도 모르는 새에 자존감이 부서지는 과정은 참으로 고통스러운 일이다. 타인이, 상황이 깎아 먹는 게 아니라 나 스스로 내려앉는 일은, 마치 이 세상에 날 사랑하는 이가 한 명도 없는 것처럼 느껴졌다. 내가 나를 사랑하지 않는 것, 그것은 사랑받을 기회를 스스로 저버리는 일이었다.

 그런 고통 속에서도 자해를 멈추지 않았던 것은, 그렇게 해야만 앞으로 펼쳐질 삶을 무던히 살아갈 수 있었기 때문이었다. 그동안 나는 무수히 펼쳐진 수많은 인생 중에 가장 반짝 빛나는 주인공이라고 생각했다. 어떤 일을 하든 긍정적으로 임할 수 있었던 것도, 지칠 때마다 채찍질을 가하며 일 중독자처럼 살아갈 수 있었던 것도, 한 번 울 때 왕창 눈물을 쏟아내고 다시 일어날 수 있었던 것도, 언젠가 빛을 바랄 나의 미래를 떠올렸기 때문이다. 이토록 무언가에 미쳐 살다 보면 언젠가, 내가 죽기 전에는 내가 바라던 삶을 살게 되지 않을까? 나는 단지 소박하게 내가 좋아하는 것을 마음껏 하며 살고 싶었다.

그러나 이상 곁에는 늘 고통스러운 현실이 따라붙었다. 꿈을 좇을 때마다 현실은 날카로운 이빨을 드러내며 나를 집어삼켰다. 현실의 그 날 선 고통 속에서도 나는 끝까지 꿈을 잃지 않으려 애썼다. 언젠간 달콤한 꿈이 현실로 이뤄질 수 있다고 믿었다.

어쩌면 그 믿음만이 내가 살아가는 삶의 유일한 동력이었을지도 모른다. 내가 사는 이유는, 마치 이토록 고통받고 상처받기 위해 태어난 것만 같았다. 그 사이에선 나는 거친 폭풍우 속에서도 무너지지 않으려 애를 썼다.

모든 것들이 무너지고, 열망하던 것이 무의미하게 느껴졌을 때는, 정말 내 인생이 망한 것처럼 느껴졌다. 꿈을 향해 달려가는 것이 내 삶의 전부였는데, 그게 바로 '나'였는데…. 수많은 인생들 가운데 주인공이라고 생각했던 삶이, 어느 순간 무대 밖에 선 사람이라는 기분이 들었을 때, 나는 비참한 기분이 들었다. 이 세상에 쓸모없는 존재로 살아가는 게 무슨 의미가 있을까? 나는 살기 위해서, 인생에 정답이 무엇인지 찾으려고 애썼다. 열심히 살아가는 타인들에게 묻고, 또 물었다. 언젠가 꿈만을 바라보며 달려갔던 나 자신의 모습을 회상하며.

꿈에 미쳐 살았던 것은, 다른 의미로 안 좋은 중독이었다.

꿈에 눈이 돌아가 주변의 것은 전혀 신경도 쓰지 않았다. 사람들은 자기 계발을 열심히 한다고, 꿈을 향해 달려가는 모습이 멋있다고들 했지만, 실상 들여다보면 곪아 터지기 직전의 물집뿐이었다. 아주 먼 미래를 떠올리느라 내 건강을 챙기지 못했고, 내가 사랑하는 사람들을 살피지 못했고, 쓰러져가는 나의 영혼을 일으켜 세우지도 못했다. 그걸 깨달았을 때는 아주 많은 것들을 잃은 후였다. 일 중독을 끊기 위해서는 내가 가장 처절하게 지키고자 했던 '꿈'을 내려놓아야만 했다. 그것이 바로, 내가 스스로 나의 자존감을 뭉개는 일이었다.

 나 스스로를 내려 놓게 만드는 고통스러운 과정을 겪고 나자, 나의 세상은 쥐 죽은 듯 조용해졌다. 폭풍우가 한참 휩쓸고 간 자리에는 아무것도 남아있지 않았다. 오히려 아무것도 남지 않아서 비로소 나는 평온한 공기 곁에 몸을 뉘일 수 있었다. 몸이 한결 가벼워져, 허공을 자유롭게 헤엄쳤다. 무너지지 말아야 한다고, 굳세야만 한다고, 그래야 미래에 성공할 수 있다고, 혹독하게 몰아 세우던 목소리가 사라졌다. 그때야 깨닫게 된 것이다. 사실 인생을 고통스럽게 만든 것은 '나'였다는 걸.

 무던하게 살고 싶을 때는 '우주'를 떠올리면 됐다. 예전에는 '삶은 방대한 우주와도 같다'는 말이 이해되지 않았는데, 그건 '인생은 유한하다'라고 믿는 내 마음가짐 때문이었다. 인생은 유한하지만, 그렇다고 편협한 마음으로 살 필요도 없었다. 우리가 영원히 살지 못하기 때문에 더욱더 처절하게, 꿈을 향해 달려 나가야만 한다고 채찍질을 할 이유도 없었다. 그럴수록 꿈에 대한 욕망은 더욱더 커져 갔으니까. 꿈은 눈에 보이는 가치가 아니었다. 지금 내가 뭘 하든 그게 행복하다면, 굳이 미래를 위해 고통스럽게 날 옥죌 필요가 없었다. 지금 내가 행복하다면, 잠시 게을러져도 되는 것이었다.

우주라는 바다를 헤엄치는 나를 떠올려본다. 내면에 뜨겁게 들끓었던, 내가 세운 편협한 가치관과 마음들을 식히는 시간을 가져본다. 나의 기세를 꺾는 과정, 그 불쾌한 시간을 버리니, 나는 매끄러운 몸으로 세상을 내려다보게 되었다. 사실 그렇게 고집하고 있던 것은 아무것도 아니었다는 걸, 세상은 내가 생각하는 꿈만으로 굴러가지 않는다는 걸 깨달은 것이다. 그런 생각을 하니 마음이 한결 보드라워졌다.

그런 생

돌이켜보면 모든 날들이 그랬다.
행복한 날보다 최악이었던 날들이 먼저 떠올랐다.
왜 그렇게 힘들었던 기억들만 강렬하게 남을까?
마치 사는 동안 단 한 번도 행복했던 적이 없었던 것처럼.

장렬하게 전사한 어느 영웅담처럼,
혹은 이 세상에 다시없을 무용담처럼
세상과 맞서 싸워온 이야기는 늘 살이 덧붙여지곤 했다.

내가 살아온 세상이 얼마나 처절했는지를,
얼마나 더 아팠고, 얼마나 더 망가졌고,
얼마나 더 처연했는지를,
타인에게 어떻게 하면 설명할 수 있을까.

그저 잘 버텨내었단 위로를 듣고 싶었던 걸까?
나에 대한 타인의 대단한 존경심을 느끼고 싶었던 걸까?
그다지 좋지도, 나쁘지도 않은 생.

생의 고통에 대한 거품 낀 대화들이 차곡차곡 쌓여가고
그것이 무의미한 아집이었다는 걸 깨닫는 순간,
입술을 굳게 다물어버렸다.

과거처럼 그토록 치열하게 살지도,
먼 미래를 꿈꾸며 꿈속에서 살아가지도 않았던
그다지 좋지도, 나쁘지도 않았던 생.

부끄럽지 않은 생을 살았다면 다 괜찮노라고,
이제는 부풀려진 무용담 대신
힘차게 달려갈 내일에 대한 계획들을
은하수처럼 펼쳐본다.

좋지도, 나쁘지도 않았던 생.
그리고 앞으로도 살아갈 좋지도, 나쁘지도 않을 생.

행복을 욕심내지도, 불행을 두려워하지도 않는
굳이 '어떻게' 살아가기 위해 애쓰지 않는, 그런 생.

오늘의 실수에 대하여

 기나긴 싸움을 통해 우리가 얻고자 했던 것은 무엇이었을까?

 세상은 마음껏 아프라고민 소리쳤지, 아프지 않을 방법에 대해서는 말해주지 않았다. 왜냐면 그건, 삶을 살아가면서 피할 수 없는 필연적인 성장통이었기 때문이다.

 아픈 것이 당연하다고 말하는 세상, 그리고 어느 순간부터 그걸 당연하게 받아들이고 있는 우리들. 그것은 비단 내가 연약한 탓만은 아니었다. 우리의 인생은 살아갈수록 점점 죽음에 가까워지는데, 남은 여생이라도 그저 고통 없이 행복할 수는 없는 걸까? 왜 우리는 고통 속에 살아야만 성장하는 걸까? 이 성장의 끝엔 과연 무엇이 있을까? 아프고 아파도 익숙해지지 않은 아픔을 오늘도 꾸역꾸역 견디며 살아가고 있다.

우리는 삶을 살아가면서 여러 가지 일들을 경험하곤 한다. 학창 시절에, 회사생활을 할 때, 사람들을 사귈 때 등. 그것은 우리가 어른이기 때문에 반드시 겪어야 하는 일이 아니라, 사회생활을 하는 사람이라면 겪어야 하는 과정이었다. 그 과정 속에 수많은 실패와 고통을 경험한다. 그리고 또 금붕어처럼 금세 까먹고 실수를 저지른다. 다시는 실수를 되풀이하지 않겠다고 다짐하면서도, 우리는 또다시 실수를 저지르고, 또다시 후회 속에 영혼을 밀어 넣는다.

 실수를 하지 않는 사람은 없다. 누구나 실수를 하기 때문에, 우리는 우리가 저지르는 실수에 대해 당연하게 받아들여야 한다. 거기서 어른과 아이의 태도가 갈리는 것일 테다. 실수를 의연하게 받아들이고 방법을 모색하는 사람처럼 실패에 정면으로 맞서는 사람이 있는가 하면, 그저 무섭다며 회피하는 사람, 실수를 그저 덮고 도망치고 싶어 하는 사람도 있었다.

 말이야 쉽다. 실패와 맞서 싸우라는 말. 오히려 진짜 실패를 경험해 본 사람은 맞서 싸우라고 하지 않았다. 견디는 것만으로도 고통스러운 시간이라는 것을 알기 때문이다. 그럼 맞서 싸우지 않고서 어떻게 해야 할까? 가장 현명한 방법은 몸과 영혼을 부딪혀 싸우는 것이 아니라, 실타래처럼 엉킨 문제를 어떻게 하면 빠르고 쉽게 해결할 수 있을까 고민하고 움직이는 것이었다. 그 누구보다도 신속하고, 신중하게. 쉽게 말하는 것 같지만, 결코 쉬운 일이 아니므로….

> *"실수로 인한 스트레스를 극복하는 방법은*
> *그 실수를 빨리 수습하는 것이다."*

 우리가 실수를 하지 않겠다고 다짐해놓고 또다시 실수를 저지르는 이유는, 우리가 살아가는 삶이 실수 없이는 살아갈 수 없는 삶이기 때문이다. 그 가운데 성장을 한다는 것은, 이런 실패의 학습을 딛고 또다시 실패하지 않겠다며 다짐하는 것이 아니라, 나중에 똑같은 실패를 겪게 되더라도 극복할 수 있는 힘을 가지게 되는 것일 테다. 실수란 어쩌면 필연적이고 피할 수 없는 운명 아닐까? 실수를 빠르게 대처할 수 있는 능력. 나의 빠른 판단과 수습만이 더 나은 내일을 만드는 길일 테다.
 어른이란 그런 것이다. 아주 큰 실수든, 작은 실수든 주저앉아 아이처럼 엉엉 울고 있을 수만은 없었다. 우리가 그동안 살아오면서 수없이 많은 실수를 반복하지 않았는가. 반복되는 실수에서 우리가 깨달은 것을 떠올려 보자. 후회를 하는 와중에도 시간은 흐르고, 나의 실수는 내가 아니면 수습할 수가 없다는 사실을 기억하자. 우리가 학습한 것은 그런 것이다. 어떤 특정한 실수를 또다시 반복하지 않겠다는 자신과의 약속이 아니라, 그 어떤 실수가 와도 결국 수습할 사람은 바로 나 자신밖에 없다는 것 말이다.

어제의 후회에 대하여

 오늘 내가 꺼낼 이야기는 이미 지나버려 수습할 수 없는, 우리가 저지른 실수에 대한 이야기다. 돌이킬 수 없는 실수를 저지르고, 과거의 기억 속에 박제되어 생생하게 살아있는 괴로움을 우리는 '후회'라고 부른다.

 후회하지 않을 방법에 대해 수도 없이 생각해 봤다. 애써 다른 일을 하며 덮어버리기도 했고, 애써 앞날을 걱정해보기도 했고, 그도 안 되면 오히려 기억 속 그날을 또렷이 응시하기도 했다.

 행복에 눈이 멀어야만 불행이 옅어질 수 있다는 걸 알면서도, 자꾸만 불행을 떠올리곤 했다. 천성이 그러한 건지, 아니면 그만큼 후회가 짙은 것인지 알 수 없겠지만, 이따금 그런 불쾌한 후회들이 악취처럼 영혼에 남아 자꾸만 냄새를 맡게 했다. 쿵쿵, 쿵쿵. 그 냄새를 없애기 위해 명상을 하며 영혼을 몇십 번이나 닦아냈지만 사라지지 않았다. 결국 생각 끝에 후회가 걸려있었다. 후회를 없애버려야 한다고 집착했기 때문일까? 머릿속에는 온통 '후회의 기억'만 남았다. 그 녀석이 목적어가 됐고, 목적어 없이 생각의 문장은 완성되지 않았다.

그동안은 '후회하지 않는 것'에 집착해야만 후회하지 않을 줄 알았다. 그러나 오히려 그것은 더 짙은 후회를 낳았다. 끊임없는 후회로 일상이 조금씩 무너지기 시작했을 때 즈음, 이제는 후회라는 녀석이 떠오르더라도 애써 회피해보기로 했다. 최대한 피하고, 어쩌다 그 기억이 떠올라 나를 옥죌 때마다 머리를 쥐어짜며 고통스러워 했다. 중독처럼 그 생각에 흘러 들 때는 머리를 저으며 잊어보려고도 했다. 그러면 그럴수록 그때의 기억은 더 진해졌지만 말이다.

후회, 아무 것도 아니야. 시간이라는 강물에 띄워보내자.

시간이 해결해 준다는 말을 싫어했다. 세상은 그것만이 진리인양 굴었으니까. 하지만 지금 생각해 보면 그만큼 정확한 답도 없었다. 사람의 기억력은 컴퓨터처럼 정확히, 그리고 영원히 기록되지 않았다. 내가 어떻게 떠올리고 상기시키느냐에 따라 왜곡되기도 했고, 처절해지기도 했고, 가슴에 사무치는 후회로 각인되기도 했다.

그럴 때는 그저 그대로 흘려보내는 수밖에 없었다. 어쩌다 그날이 떠오르면, 그날 그대로를 있는 그대로 받아들이고,

'그땐 그랬었지' 하며 흘려보내는 것이다. 그 후회 또한, 나의 수많은 지난 날들 중 단지 하나일 뿐이라고 여기는 것, 결국 그 상황을 이끌어가는 주인공조차 나였다는 것, 나의 실수를 인정하는 것…. 다시 시간을 되돌려 그날로 돌아간다고 해도, 다른 선택을 한다고 해도, 또 다른 후회가 생기지 않을 리 없었으니까. 그때 내가 그 선택을 할 수밖에 없었던 이유는, 그때의 나는 그 선택이 최선이었기 때문이다. 그렇기에 다시 과거로 돌아간다고 해도, 나는 똑같은 선택을 했을 것이다.

 지난 날의 실수와 실수에 짙게 남은 후회는 결국, 내가 삶을 이끌어감에 있어서 지혜를 주었다. 그런 의미로 후회는 어리숙한 지난 날의 내 모습이자, 아주 소중한 경험인 셈이다.

 앞으로 나에게는 지난 날들보다 더 많은 선택을 해야할 순간들이 올 것이다. 과거의 선택과 경험은, 내일의 선택을 더욱더 현명하게 할 수 있도록 만들어줄 것이다.

나의 욕심에게

 내가 당신을 사랑할 때는 수많은 이유가 있었을 텐데, 어째서인지 어느 날엔가 나는 길을 잃었다. 내 안에 꽉 막혀 있던 영혼의 울부짖음에 귀기울였기 때문일까? 삶에 갈피를 잡을 수 없을 때는 사랑에 목말라 아파하더니, 세상의 모든 욕심을 내려놓자, 의미를 찾으려 했던 것은 오히려 야단법석인 일이 되어 버렸다. 아픔을 아무것도 아닌 것으로 치부할 수 있게 된 것은, 어쩌면 진흙 위에 깨끗하게 피어난 연꽃처럼 당신이란 묵은 때를 매끄럽게 벗어냈기 때문일까. 삶의 무료함은 오히려 안정감이 되어, 그간 느껴보지 못했던 또 다른 세상을 만나게 해주었다.

 당신의 어깨너머에 맡아지던 쿰쿰한 냄새를 안다. 그 냄새에는 '본성'이라는 이름의 살이 썩는 냄새가 났고, 세상은 온통 그 썩은 내로 진동을 했다. 당신은 현실의 진상을 보여주지 않으려는 듯, 나를 등 뒤에 감추고 앞으로 나섰다. 새로울 것 없는 세상에서 나의 마음은 마른 나뭇가지처럼 메말라갔다. 물이나 어떤 달콤한 자양분도 빨아먹지 못한 채로. 당신을 탓하고 싶지는 않다. 나는 단지, 당신보다 세상을 모르고 살았을 뿐이었다.

 나이를 먹어가면서 나아지는 것은 아무것도 없었다. 세상 사람들이 고통 속에 살아갈 때, 나의 고통이 최고조인 줄로만 알았다. 생각해 보면 나는 타인의 고통의 무게와 내 고통의 무게 중 누가 더 무거울까만 겨뤄왔다. 삶의 버거움, 짐, 고통 따위가 많으면 세상을 더 잘 사는 것처럼 비쳤다. 왜일까? 고통은 덜어낼수록 더 행복한 법인데.

 나는 불행해지기 위해 살았다. 불행만이 진정한 삶을 사는 것인 양 여기며…. 당신의 어깨너머에서 맡아지던 타인의 고통의 냄새, 마음이 타들어간 상처에서 풍기던 피비린내, 사람들의 영혼은 매일 밤 눈물을 흘리며 발밑에 흥건한 물웅덩이를 만들기 시작했다. 그 눈물이 고여 고통의 바다가 되었다. 나는 타인의 고통 속에서도 살아내려 버텼다. '욕심'이라는 이름의 당신 등 뒤에 숨어, 어떻게든 아등바등 살아가려 애썼다. 당신은 '욕심'이었지만, 어린 날 나에게 당신의 이름은 '열정'이기도 했으니까.

 당신은 잔인하리만큼 나의 진심을 물었다. '네가 얻고 싶은 게 뭐야?', '그래서 네가 되고 싶은 게 뭔데?' 밤이면 늘, 당신은 무서운 얼굴을 해서는 나를 다그쳤다. 게으르게 살면

안 된다고, 지금 이럴 시간에 뒤쳐지고 말 거라고. 그때의 나는 현명하지 못했다. 현명하지 못했던 나는, 쉴 틈 없이 몸만 움직였다. 무엇을 해야 할지, 지금 하는 행동이 옳은지 그른지도 모른 채, 우악스럽게 고통의 길로 내달렸다. 공부, 취업, 이직. 속세의 열망에 찌들어 무엇이라도 성취해내야만 한다고 다그쳤다. 스스로, 나 스스로. 나의 욕심이 만들어낸 채찍질로.

지금은 말라 비틀어져 버린 당신에게, 그동안의 나의 선택들이 당신 탓이라고 하고 싶지는 않다. 그래도 당신이 있었기에 그날의 나는 찬란했다. '욕심'이라는 당신이 있었기에, 나의 청춘은 그 어느 때보다 뜨거운 열정으로 반짝였다. 그 아린 눈부심은, 온전한 고뇌로 빚어낸 값진 경험이었다. 이제 나는 삶의 고통을 회피하지 않는다. 당신의 등 뒤에 숨어, '열심히만 살면 보상받을 수 있을 것'이라는 순수함에 젖어 있지도 않는다. 삶의 이치를 똑바로 마주하고 보려고 들 것이다.

그러나 그러기에 내겐 아직 당신의 그늘이 너무 짙다. 말라 비틀어진 당신은, 나의 눈물을 먹고 또 어느 날엔가 커다랗게 몸집을 부풀릴 것이라는 걸 안다. 나는 늘 온전히 죽지 않은 당신을 경계하며 살아갈 테다. 이제 더는 미화된 삶에 상처받고 싶지 않다. 이 세계는 수많은 이의 눈물이 고인 고통의 바다라는 걸, 경시하지 않고, 무시하지 않고, 두 눈 똑바로 마주 보며 살아야 함을. 그런 의미로 나는 평생 당신을 그리워하면서도 당신을 경계할 것이다.

추락

 나는 내 인생 중 가장 밑바닥까지 감정이 내려갔던 적이 있었다. '사람이 왜 살지?'라는 영양가 없어 보이면서도, 삶의 근본적인 이유에 대해 명쾌한 답을 내려놓지도 못할, 다소 난해한 질문을 품은 채로 말이다. 사람이 밑바닥까지 내려가면 어떤 기분일까? 영화나 드라마에서는 타인에게 분노를 쏟아내거나, 엉엉 울음이 터져버리기 마련이었지만, 나는 오히려 잔잔한 호수처럼 고요하기만 했다. 겉으로 보기에는 아무 생각 없이 사는 사람처럼 보였다.

 아무 생각 없이 사는 것처럼 보였기 때문에, 누군가는 나를 '내면이 강한 사람'이라고 생각했다. 힘들어도 힘들다고 말하지도 않고, 말수도 없고, 뚝딱뚝딱 일만 했기 때문이었다. 그래서 어느 순간부터는 타인의 막중한 업무와 기대, 감정의 짐 따위가 내게로 쏟아지기 시작했다. 왠지 나는 괜찮아 보여서 그랬을까? 그래서 타인이 보기에는, 자신의 짐을 나에게 덜어도 괜찮을 거라고 느꼈던 걸까.

감정이 바닥일 때, 오히려 겉모습이 요란하지 않고 평온했던 것은, 그것마저도 나에게는 에너지를 쏟는 일이었기 때문이었다. 누군가에게 억지로 웃어 보일 힘도, 애써 감정을 쏟아내며 화를 퍼부을 힘도 없었다. 내 삶은 아침에 힘겹게 일어나 겨우 하루를 살아가고, 쓰러지듯 침대 위에 눕는 것이 전부였다. 사람들과 부대끼며 내 영혼을 갉아먹고 싶지 않았다. 열정 같은 것은 진즉에 소진되고 없었다. 나를 움직일 수 있는 원동력은, 일이라는 스트레스에서 빨리 해방되는 것뿐이었다. 그러기 위해서는 스트레스의 근원인 '일'을 끝내야만 했다. 그래서 누군가가 빨리 하라고 다그치는 일이 생기면, 빨리 그 일을 끝내버리려고 했다. 그래야만 편히 잠을 잘 수 있었으니까.

하지만 겉모습이 잔잔한 호수라고 해서, 내 속마저 잔잔했던 것은 아니었다. 스트레스를 끝내기 위해 일을 하는 내 마음도 괜찮지 않았다. 번아웃이 수백 번도 더 왔지만, 번아웃을 해결하지도 못한 채 '스트레스의 근원을 없애버리자'는 의지로 떡칠한 문구에 몸을 앞세워 지냈다. 그리고는 여전히 '사람이 왜 살지?'와 같은 근본적으로 답할 수 없는 질문을 품은 채로 매일을 지냈다. 내 마음과 머릿속은 충분히 어지럽고 복잡했다. 일을 하던 도중에 이마를 손으로 짚는 버릇도, 너무 많은 생각 때문에 머리가 뜨거워진 이유 때문이었다. 사람들은 내가 잔잔한 호수라서, 너무나도 쉽게 돌을 던졌다. 그래도 나는 아무렇지 않아 보였으니까. 바다처럼 커다란 해일을 일으키지도 않고, 밀물처럼 밀어내지도 않으니, 타인에게 피해도 입히지 않았다.

그러나 나의 호수는 돌을 뱉어낼 수 없었다.
언제나 차곡차곡 쌓여나갈 뿐이었다.

 마음에 돌이 쌓여 참을 수 없는 지경이 되면 폭발할 법도 한데, 나는 겉모습은 평온한 채로 속에서만 부글부글 끓었다. 결국에는 '내가 어디까지 망가지나 봐', '내 인생을 이렇게 만든 건 너야'라고 생각하면서, 나에게 짐을 지운 타인을 원망하기에 이르렀다. 그러나 생각해보면 그게 타인을 향한 저주는 아니었다. 그것을 저주라고 한다면, 그 저주의 피해는 고스란히 나에게로 돌아왔다. 원망이 진해질수록 몸도 마음도 정신도 나날이 피폐해져 갔다. 그 모든 것들이 나를 엉망진창으로 만들어갔다. 고작 '힘들다'는 한 마디를 하지 못했다. 쌓여있는 부담으로부터 해방되기 위해서는 '힘들다'고 말할 용기가 필요했다.
 자신의 삶을 지킬 방법은 결국 투쟁뿐이라는 걸 깨닫게 된 것은, 결국 '힘들다'는 말을 토해냈을 때의 주변의 반응이었다. '힘들다', '버겁다', '방법이 없다'고 털어놓았을 때, 나는 사과를 받을 줄 알았다. 부담을 덜어내거나, 붉은 감정을 더는 토해내지 않을 줄 알았다. 그러나 나에게 자신의 모든 감정을 떠넘기던 이는 오히려 사과 대신 역정을 냈다. '넌 체력이 없구나', '내가 언제 너에게 부담을 안겼다고 그러느냐', '다들 그렇게 산다'는 등의 무책임한 말들. 그 순간 '나는 대체 무엇을 위해 이토록 몸이 부서져라 담아왔던가'를 되돌아보게 된 것이다. 나는 타인의 무책임과 욕심의 몸집을 키워주고, 내 영혼은 깎아내리고 축소시키면서 살았다. 모두가 더 나은 삶을 살게 될 것을 소망했는데, 결국 망가진 사람도 나였다.

그만큼 바보 같은 생각도 없었다. '내가 어디까지 망가지는지 봐'라고 떠올린 생각들. 타인은 내가 얼마큼 추락하는지 관심이 없었다. 그저 무거운 당신들의 삶을 어떻게 하면 타인에게 덜어낼 수 있을까, 생각만 하니까.

이 세상을 살아가는 사람들은 절대 상냥하지 않았다. 설령 내게 상냥하게 구는 사람이 있다더라도, 그 상냥함에는 항상 이면이 존재했다. 사람들은 보상 없는 친절을 기대하지 않았다. 다만 모른 척하거나, 아닌 척했다.

그러니 타인을 대할 때도 그 점을 꼭 기억해야 한다. 상대가 '부담 가지지 마'라고 말하더라도, 그 말을 곧이곧대로 믿지 않길 바란다. 그들은 모두 모른 척하거나, 아닌 척하니까. 자신이 타인에게 선량한 사람처럼 보이고 싶어 하는 것뿐이니까.

사회생활, 인간관계는 모두 그런 '척'들 속에서 이뤄지는 것이 아닐까. 서로의 '척'을 지켜주면서, 선량한 사람인 것처럼 서로를 만들어주고, 빚어주는 것들. 그런 거짓된 가면들 사이에서 자신의 삶을 지키려면, 똑똑하고 단호하게 뱉어내야만 한다. 안 되는 것은 안 된다고, 힘든 것은 힘들다고, 이런저런 것들이 불만이라고. 사람들은 모두 선량한 사람처럼 비치고 싶기 때문에, 자신이 누군가에게 떠넘긴 감정과 부담이 잘못이라고 생각하지 않는다. 정말 잘못이라는 걸 모르거나, 알더라도 모른 '척'하는 무책임한 가면을 쓴 이들이 많으니까. 타인들의 이기심을 깨닫게 되면, 자연스럽게 내가 어떻게 세상을 살아가야 하는지도 눈에 보이게 된다.

책임감

아주 작고 연약한 것을 지키는 마음처럼

 한발 한발 걸음을 내디디며 도착한 곳에 아무도 없을 걸 상상해 본 적 있다. 마음을 삼을 수 없어서, 그 마음을 누군가에게 전하지 못해서, 가슴 한 곳에 고여 썩기 시작한 감정이 누군가에게는 메마른 사막처럼 비쳤을 때, 나는 겨울비처럼 울고 싶었다. 차가운 날씨 때문에 눈처럼 보이지만, 그 누구보다도 속은 뜨거운 겨울비처럼…. 종착역에 아무도 나를 기다려주지 않는다면 어떨까? 그때 나는 어떤 모습으로 마지막 역에 서 있을까?

 지난날의 나의 선택과 삶을 후회하면, 지금의 내 모습이 더없이 초라하고 못나보였다. 더 늙어 보이고, 나이 들어 보였다. 시간을 거슬러 젊어질 수 없고, 애석하게도 점점 더 세월이 빚어간 노인의 얼굴만 남을테다. 어쩌면 나는 영원한 젊음과 아름다움을 꿈꿨을지도 모른다. 시간이 흘러가는 게 싫고, 마음이 연약해지는 게 싫었다. 어려선 세상을 몰라 울음을 터뜨렸다면, 나이가 들어갈수록 세상을 알게 돼 울음을 참았던 날들이 많았다. 예를 들면 다시 돌이킬 수 없는 지난날의 후회나 엎을 수 없는 무거운 책임감, 나만 바라보는 내가 사랑하는 모든 사람들 같은 이유들로 인하여.

삶은 잔인하게도 후회하는 마음이 더 깊어지도록 내버려 두었다. 상냥하게 손을 뻗어, 구덩이에서 나오라고 손을 뻗거나 일으켜주지 않았다. 결국 혼자서 나와야만 하는 게 인생이었다. 모든 면에서 냉정해져야만 했다. 뜨거운 감정은 오히려 더 깊은 우울의 땅굴 속으로 나를 밀어 넣었다. 지금 나에게 힘이 되는 것은, 오직 세상에 대한 증오와 미움, 어쩌면 냉정한 무관심이 전부였다.

내 뜻대로 되지 않는 삶에서, 타인에게 상처주기 싫던 어떤 날은 내 세상의 어둠을 떠올린 적이 있었다. 그 칠흑 같은 어두움 속에서도 우울감은 기지개를 켜며 일어나, 나를 끝없이 어두운 길로 이끌었다. 언젠가 나의 삶은 늘 사랑으로 일렁였는데, 오늘의 나는 사랑으로 세상을 품지 못했다. 온통 주변이 미움 투성이었다. 모든 삶과, 모든 하루와, 모든 순간들이. 누군가를 지독히 미워해야만 살아갈 수 있었다. 그 미움만이, 나를 더 악독하게 만들었다.

그런 순간에도 틈틈이 나는 누군가에게 사랑을 받고 싶었다. 누군가는 나를 평생 잊지 못했으면 좋겠고, 내가 죽어서도 영원히 나를 기억해 줬으면 좋겠다고 생각했다. 아주 좋은 사람으로 기억되고 싶은 욕심. 누군가에게 영원한 이름으로 기억된다는 건 기쁜 일일까, 슬픈 일일까? 그러나 내가 왜 이런 감정이 드는지 근본적인 이유에 대해 깊게 생각해 볼 겨를도 없었다. 나는 내게 주어진 연약한 문제점들을 사려깊게 살펴 보고, 지켜내야만 했다.

"책임감"
어쩌면 사랑받고 싶어서 묵묵히 해냈는지도 몰라.

 나는 마치 최선을 다해 행복해지고 싶은 사람 같아 보였다. 남들에게는 잔잔한 호수처럼 평안한 얼굴을 보이고, 하고 싶은 일도 척척 해내는 사람처럼 보였겠지만, 실상 내 마음은 여름날 아지랑이처럼 뜨겁게 타오르고, 목은 메여 금방이라도 울음이 터질 것 같았다. 사실 이제 나에게는 더 열심히 살 기력 같은 것은 남지 않았다. 오히려 그 옛날의 뜨거운 열정과 용기와 사랑 같은 것들은 뜨겁게 녹아 없어져버렸다. 힘이 없는 사람에게 열심히 살아야 하는 이유들이 들이닥쳤을 때는, 그때는 안간힘으로 삶을 살아가게 되는 것이었다. 나는 목적지 없는 행복을 찾아 떠도는 중이었고, 어떻게 있어야 할지 몰랐다. 뭔가를 하는 모습이 열심히 하는 것처럼은 보였으나, 실상 까보면 아무것도 없는 텅 빈 사람이었다.

세상을 좀 더 가볍게 살고 싶다. 이런 생각도, 우울감도 들지 않게. 무거운 감정의 추에 매달려 지구의 중심까지 꺼지지 않고. 그냥 조금 가볍게, 냉정하고 무관심하더라도 아무런 감정 없이, 때론 그렇게 삶을 살아내 보고도 싶다. 행복할 필요도 없고, 젊음과 영원한 사랑 같은 걸 지켜보겠다는 욕심도 모두 내려놓은 채, 삶은 그냥 그렇게 살아도 된다는 걸 온몸으로 느끼고 싶다. 봄이면 어김없이 찾아오는 새 생명처럼, 내 마음에 행복하고 싶다는 작은 욕심이 튀어 오르지 않게. 왜 나는 삶을 가볍게 살고 싶다는 생각을 의식해야만, 비로소 욕심을 내려놓을 수 있게 되는 걸까? 욕심은 쉬운데, 포기는 어렵다.

 나는 모든 것을 쥐고 놓을 수 없어서 여기까지 왔다. 십수 년을 발목에 족쇄를 물린 채 바락바락 기어 왔다. 찬란하고 멋지게 살고 싶은 욕심, 비로소 행복하고 싶다는 이 욕심 때문에. 나는 오늘도 나 자신을 끊임없이 괴롭히고, 미워한다.

고요의 밑바닥

 날 사랑하는 수많은 이의 걱정은 늘 나의 창작에서 비롯되었다. 마음에 자물쇠를 걸어 잠그고, 홀로 고군분투하는 모습이 안타깝게 느껴졌던 걸까? 오히려 나는 울분을 토하기 위해 글이라는 창작물을 배출하고 있던 건데…. 감정 쓰레기통 같은 글이라도, 나는 나의 울분을 쏟아내기 위해서는 끊임없이 무언갈 써 내려 가야만 했다.
 영혼이 고요의 밑바닥까지 잠식되면, 마침내 참고 참았던 울음을 터뜨릴 수 있게 됐다. 울음은 소리 없이 터져 나와 눈물 몇 방울로 소리 없이 떨어졌다. 두려운 어떤 존재가 날 찾으러오는 것도 아닌데, 나는 우는 일을 들킬까 무서워 입을 틀어막았다. 소리 없이 우는 울음, 그마저도 억눌러왔던 슬픔의 분출이기에 나는 그것만으로도 충분히 만족스럽게 울었다.

이런 침잠한 기분이 싫다. 하루 종일 무기력하게 걸어 다니며, 울고 싶은 마음을 힘겹게 삼켜내야 한다는 게. 우울이 극단으로 치달아 점점 날 구석지로 몰아내는 이 마음이 싫었다. 고요한 주변과 다르게 시끄럽게 떠드는 감정과 전투하는 내면이 싫었다. 난 너무 지쳤고, 이제는 우울하고 싶지 않았다. 그렇다면 우울하지 않으려면 어떻게 해야 할까? 내가 할 수 있는 건 뭐가 있을까? 아주 얕게 흘러가는 이 우울감이 싫어 베개에 얼굴을 파묻었다.

심해에서 울음소리를 내는 고래처럼, 사람들이 나의 울음을 듣지 않았으면 좋겠다. 그러다 한 편으론 이런 내 기분을 구해줬으면 좋겠다. 그러는 와중에도 나는 한 없이 밑으로 가라앉았고, 다시 수면 위로 올라가는 법을 서서히 잊어갔다.

처음엔 인생의 방향을 몰랐다가, 이제는 감정의 해일에 가야 할 곳 마저 잃었다. 이리저리 쓸려 다니면서도 나는 꾸준히 심해로 빨려 내려갔다. 누군가 날 꺼내 줬으면 좋겠는데, 아무도 날 꺼내 주지 않을 것만 같다. 그렇게 점점 미궁 속으로, 심해 속으로, 아무도 꺼내 주지 못할 어둠 속으로 온몸이 빨려 들어가고 있다. 마치 거대한 우주의 블랙홀처럼.

결국 누군가 꺼내 줄 수 없다면 내가 이 순간을 박차고 일어나야만 했다. 헤엄치는 법을 스스로 터득해야만 했고, 살려고 아등바등해야만 했다. 그러나 그런 힘이 이제 나에게는 없다. 어떻게 하면 그토록 당차게 살아갈 수 있을까? 단단해진 가슴을 열어 새로운 상황을 맞닥뜨릴 수 있을까?

이제 나는 심적으로도, 정신적으로도 많이 쇠약해졌다. 더는 앞으로 나아갈 자신도, 행복해지고 싶은 마음도 없었다. 삶에 대한 안정감은 열정을 죽여 없애고 세상의 변두리 밖으로 내모는 것이 아니라, 나를 더 늙고 병들게 만드는 것만 같았다. 나는 병들기 싫어 아득바득 발악하고, 조금이라고 더 젊어지고 싶어 운명을 거스르는 어리석은 사람에 불과했다. 그런 욕망이 오늘날의 나를 더욱 슬프게 만들었다. 지나버린 일들에 대한 후회와 어딘가 찝찝했던 결정과 세상을 몰랐다는 알량한 변명만이 내 주위를 맴돌 뿐이었다.

 그래도 이런 하루 끝에, 심해 깊은 곳 어딘가에서 나와 비슷한 울음소리를 낸다면, 가서 꼭 안아주고 싶다.

 너도 나만큼 많이 힘들었어?

 어쩌면 두 사람의 외로움이 만나 두 배로 몸집을 키울지도 모른다. 시들어버린 영혼들이 험난한 파도에 부딪혀 미지의 어딘가로 떠밀려가게 될지도 모른다.

 그래도 괜찮다.

 혼자여서 죽을 것 같이 고통스럽던 시간은, 외로운 이의 어깨에 기대어 잠시 숨을 고르게 쉬는 것만으로도 큰 위로가 될 테니까. 누군가에게 어깨를 내어주는 사람이 되고 싶기도, 또는 누군가의 어깨에 기대어 보고도 싶은 날들…. 고요의 밑바닥에서, 다른 이가 헤쳐보지 않는 그 어두운 심해에서 우리들의 믿음과 사랑은 더욱더 애틋해지고 소중해질 것이다.

사람들의 원동력

 조금만 건드려도 터질 것 같은 마음을, 한편으로는 아무도 건드리지 말았으면 했다. 힘을 내라느니, 잘 할 수 있다느니, 이런 말들이 나에게 와닿지 않았던 이유는, 내 안에 정말 그런 힘이 남아있지 않았기 때문이었다.

 눈물은 하도 많이 쏟아내 메말라 있었다. 더는 가슴을 적실만한 것도 없었다. 현실을 생각할수록 가슴은 바짝 타들어갔고, 막막함과 두려움에 몸서리쳐야 했다. 아직 다가오지 않은 미래를 걱정하지 마라고, 그것들이 널 더 옥죄게 만든다는 말을 들어도 소용없었다. 이미 모든 것들은 나의 의지와는 상관없이 무기력한 밤으로 내 영혼의 멱살을 끌고 들어갔다.

 그런 울적한 기분이 들수록 문학을 읽어야 한다고 말했다. 시나 소설 같은 건, 현실과는 전혀 다른 것들이라 오히려 마음을 촉촉하게 적실 수 있다고. 그러나 그건 오히려 환상과 이상을 더욱더 명확하게 만들 뿐이었다. 어떻게 살아야 하는지 모르겠고, 앞날이 그저 막막한 나에게는 두려운 현실을 떠올리는 것이 오히려 덜 불안하기도 했다.

두려워하면서 무언가를 끊임없이 떠올려야 한다는 것만큼 참혹한 것이 있을까? 두려움이 두려움을 낳아 결국 어둠 속으로 빨려 들어 가면서도 나는 한 번도 힘들단 소리를 하지 못했다. 힘든 것보다 더 짙고, 벅찬 것보다 더 거대한 것이 지금 현재 버거움의 정도였다. 왜 사느냐고 자신에게 물을 때마다, 답을 찾지 못할 때마다, 어쩔 줄 몰라 어둠 속을 홀로 배회할 때마다 나는 계속해서 죽음을 떠올렸다. 어떻게 하면 고통스럽지 않게 죽을 수 있을지를. 그리고 내가 죽게 되었을 때, 나의 죽음을 슬퍼할 가족들과 친구들의 얼굴을 떠올려보았다. 그러고는 또 금세 그런 아픔 같은 것들은 잊힐 거라며 스스로를 안도하곤 했다.

예전에는 남들의 기억 속에서 잊히는 것이 두려웠는데, 이제는 죽은 듯 혼자 있는 것이 마음이 더 편해졌다. 아무도 나를 모르게, 내 감정도 모르게, 내가 얼마나 죽어가고 있는 줄도 모른 채 그대로 방치했으면 좋겠다고. 그러다 어느 날 불쑥 썩어가는 내 마음을 발견했다면, 그때는 그냥 모른 척 지나갔으면 좋겠다고. 내가 얼마나 망가졌는지, 안쓰러운 눈빛으로 쏘아대며 연민하지 말라고. 그런 불안정하고 불쾌한 감정들이 켜켜이 쌓여 짙은 새벽을 완성했다. 새벽 내 나는 우울의 바다에 몸을 빠뜨렸다.

 사람들은 대체 어떤 원동력으로 세상을 살아갈까? 어떻게 죽지 않기 위해 살아갈 수 있는 걸까. 어둡고 침침한 현실은 바닷가의 뻘처럼 내 온몸과 영혼을 집어삼키는데, 뻘물이 넘실넘실 밀려와 코를 가득 막아 숨을 쉴 수조차 없는데, 살기 위해 아등바등하는 것보다 현실이라는 찬물에 잠겨 죽는 것이 편할 것 같은데, 왜 세상은 자꾸만 살아가라고 말하는 걸까? 어떻게 살아야 하는지 깨닫지도 못한 사람에게, 방향을 잃은 선장에게 왜 자꾸 노를 저으라고만 하는 걸까? 난 어디로 가야 하는 줄도 모르겠는데, 내 인생이 어떻게 흘러가는지도 모르겠는데…. 사람들은 그런 생각은 안중에도 없이 그저, 하루를, 모두가, 살아내는 중이라고만 답했다. 막막한 질문의 대한 답은 항상 '그냥'이었다.

 꾸역꾸역 살아내는 고통스러운 삶은 이제 그만하고 싶다. 죽음, 아니면 삶 사이에서, 삶을 택해야만 한다면, 왜 살아야 하는지 확실한 명분이 있었으면 한다. 그것은 내가 아무리 발버둥 치고 찾으려 애써도 소용없는 것이었다. 그렇게나 원동력이라는 것은, 다짐이라는 것은, 의지라는 것은 쉽게 부러지고 고꾸라졌다. 이런 내 불쾌한 마음에 누가 손을 내밀어줄까? 어떤 이가 나의 원동력이 될까? 어떤 게 나의 진심 어린 꿈이 될까…. 쓰러지지도, 불변하지도, 망가지지도 않는 영원한 원동력. 그 원동력을 찾게 된다면, 하루하루 나아가는 삶이 훨씬 더 희망차 질 수 있을 것 같다.

감정의 바다에서 날 만난다면

참으로 긴 시간이 흘렀어.

누군가는 짧은 시간이라고 말하겠지만, 나에게는 이토록 하루가 길었던 적이 없었어.

뭔가 하나라도 이룰 수 있을 거라고 생각했는데. 맞아, 열심히 산다면 말이야. 그런데 인생이 참 내가 생각한 대로 흘러가진 않더라. 그리고 사람들도 다 제 인생을 사느라 정신이 없었지. 결국 나 자신은 내가 돌보았어야 했는데, 난 그게 조금 부족했던 거야.

사실 처음부터 이렇게 쫓기듯 살아온 건 아니었는데, 삶이 참 녹록지 않았어. 누군가 내 이름이 파란만장한 삶을 겪을 이름이라고, 개명을 하라고 했던 날이 떠올라. 그땐 콧방귀를 뀌면서, 부모님이 지어주신 이름대로 반드시 성공해보자는 포부가 있었는데 말이야. 지금은 어쩐지 그런 것들이 다 어디로 가버렸나 싶어. 정말 이름대로 사는 건가 싶고. 내가 왜 이렇게까지 연약하고 망가져버렸는지 모르겠어.

예전에 난 내가 열정이 식어버리게 될까 봐 두려웠던 적이 있었어. 열정이 식게 되면 인생이 무의미하다고 생각했었단 말이야. 그런데 잘 모르겠어. 지금의 난 열정 같은 거 진즉에 식어버렸는데, 그렇다보니 도무지 어떻게 살아야는 줄도 모르겠어. 좋은 게 좋은 거라고 생각하고 싶었는데, 세상은 꼭 명확하게 하나의 길만 택해야 한다고 말하더라. 여러 가지를 다 할 수 없었던 거야. 그렇게 되면 이렇게 망가지게 되리라는 걸, 그때의 난 전혀 모르고 있었던 것 같아. 단지 시간이 유한하기 때문에, 내 몸과 영혼을 빨리 갈아 넣어야 한다고만 생각했지 말이야.

인생은 사실 20대에서 끝나는 게 아니었어. 누군가는 진짜 인생은 서른부터라고 했다지. 그런데 난 그 말을 믿지 않았어. 난 연륜 있는 글쓰기를 하려면 어서 빨리 나이가 들고 싶어 했는데, 또 한 편으론 나이가 들고 싶지 않았어. 난 정말 내 인생에 서른이 오면, 청춘이 다 끝날 거라고만 생각했거든. 그래서 무작정 20대 안에 내가 할 수 있는 것들, 하고 싶은 것들을 다 이루며 살겠다고 다짐했지. 그런데 정작 현실은 그렇지 못했어. 세상의 시계에서 이십 대의 삶은 참으로 실수투성이에, 어리석고, 한없이 짧기만 하더라. 바보 같지, 어쩌면 자만했는지도 몰라. 그 안에 내가 하고 싶은 것들을 모두 이룰 수 있다고 생각했던 게 말이야.

나의 이십 대는 정말이지 몸과 영혼을 갈아 넣은 시간이었어. 왠지 서른이 되면 결혼을 해야 할 것만 같고, 그럼 아이도 낳아야 하고, 그럼 누군가의 아내, 누군가의 엄마로 살아가게 될 것 같았거든. 내 인생이 사라지는 게 무척이나 두려웠어. 난 누군가의 책임을 어깨에 짊어질 준비가 되어있지 않았거든. 아직 내 인생의 방향도 내가 찾지 못했는데, 내가 누구의 삶을 똑바로 책임질 수 있겠어. 난 그게 두려웠던 거야. 단지 그것뿐이었던 거야.

 그러나 세상은 내가 두려워하는 사이에 소중한 것들을 조금씩 앗아갔어. 열정 많던 내 삶도 부서져버렸고, 내가 사랑하는 사람도 곁을 떠났지. 이제 남는 것은 아무것도 없었어. 내 몸이 부서져라 지켜오려고 했던 것들도, 사실 아무짝에도 쓸모가 없었다는 걸 자각하게 되면서부터였어. 내가 이룬 것은 과연 무엇이었을까? 내가 지키고 싶었던 건, 내가 이루고 싶었던 꿈은 어떤 것들이었을까? 난 무엇을 위해 그토록 몸이 부서져라 달려왔던 걸까? 그렇게 수년의 세월 동안 눈에 보이지 않는 시간과 노력들을 갈아 넣었던 난, 그 어디에도 존재하지 않았어. 난 그게 너무 무서웠어.

 내가 아무리 열심히 해도 얻어진 게 없는데 말이야. 난 빈껍데기만 남아 사람들의 기억 속에 그저 좋은 사람으로만 각인되어 있을지도 몰라. 난 그걸 지키기 위해 속이 썩어 문드러져가고 있었는데 말이야. 이젠 뭐가 중요한지 모르겠어. 내 인생에서 내가 찾아야 하는 게 무엇인지도. 내가 왜 살아가야만 하는지도. 예전엔 이런 생각들을 하는 게 너무나 무서웠는데, 지금은 잘 모르겠어. 내가 지금 어디에서 배회하고 있는 건지를. 어딘가에서 길을 잃어버렸는지를. 너무 오래전에 길을 잃어버려서 지금은 그냥 어둠 속을 묵묵히 걸어가고만 있어. 방향도 모르겠고, 뭘 하고 싶은지도 모르겠어. 그냥, 걸어야 한다니까, 살아야 한다니까, 그냥 정처 없이 걷기 시작한 거야. 내가 왜 살아야 하는 줄도 모르는 체 말이야.

무척이나 힘겨운 시간들이야. 오늘도 침대에서 울다 지쳐 잠들겠지만, 난 지금도 내가 왜 울고 있는지를 모르겠어. 울어야 할 이유가 없는데 말이야. 한 편으로는, 단지 내가 어두운 심해에 몸을 던졌기 때문인 것 같아. 심해에서 어떻게 빠져나갈 수 있을지 모르겠어. 그런데 한편으론 여기서 빠져나가고 싶지도 않아. 이젠 지치고, 너무 힘들어. 행복하기 위해 발버둥 치는 일 말이야. 그런 비참하고 참혹한 시간들을 견뎌야 하는데, 난 벌써부터 버거워.

내가 어딘가에서 슬피 우는 날 발견하게 되면 어떨까? 누구도 나의 이런 영혼을 구원해주지 않는다면, 내가 날 꺼내줄 수 있다면 얼마나 좋을까? 이유 없이 불안한 기분 때문에, 늘 어떤 것에 쫓기듯 살아온 삶에, 이제는 진절머리가 나는 우울에 갇혀 사느라 얼마나 힘들었느냐고. 남들이 알아주지 못한 진정한 나 자신에 대한 우울을 내가 안아줄 수 있다면 얼마나 좋을까? 이제는 다 놓아버려도 된다고, 울적한 기분들 내려놓게 해 주겠다고, 마음이 한결 편안해질 수 있게 해 주겠다고…. 그 말이 얼마나 달고 행복할까? 그냥 단지 내가, 이렇게 지쳐있고 부서져있는 날 안아주는 것만으로도 구원이 될 수 있다면 얼마나 좋을까? 괜찮아, 그동안 고생했잖아, 부서지는 게 당연하잖아, 라며 내 머리를 쓰다듬어줄 수 있다면 얼마나 좋을까? 그럼 나, 다시 일어나지는 못하더라도 그래도 이제 더 이상 가라앉지 않을 수 있을 텐데…. 그 정도만이라도 된다면 정말 좋겠다. 그럼 좋겠다.

각자의 생

 세상이 돌아가는 소리에는 별 게 없었다. 사무실에서는 바쁘게 키보드를 부딪히는 손가락들의 실음이 있을 테고, 밖에서는 부지런히 걸어가는 발소리가 귓가에 부서질 테다. 우리는 모두 책을 등한시했고, 어느샌가 진득하게 앉아 마음을 써야만 하는 활자 대신, 머릿속에 강렬하게 남는 영상과 장면들만 기억하게 되었다. 그런 삶이 원망스럽다거나, 원통하지는 않다. 세상의 흐름이 그렇다는 것은, 어쩌면 사회의 운명일 테니까. 운명을 긍정하는 것만으로도, 삶은 충분히 피곤했다.

 나약한 인간은 운명을 거스를 수 없다. 운명은 영악하게도, 그걸 이용해 세월이라는 고개 위에 군림했다. 어느새 도전정신은 스러 없어졌고, 그냥 숨 쉬는 것만으로도 삶은 벅찼다. 모든 순간들이 수련의 연속이었다. 맞서고, 맞서고, 맞서도 익숙하지 않은, 수천번의 트레이닝에도 새롭기만 한 내일이라는 순간이…. 삶이라는 나의 문장은 입 속에 셀 수도 없이 굴려지고, 되새김질되었다. 씹으면 씹을수록 쓰기만 했다. 아무리 쓴 한약이라도 이 정도로 쓰진 않을 것이었다.

 누군가는 아주 작은 사건에 감정을 쓰지 말라고 조언했다. 그런 사소한 것 따위에 감정을 허비할 만큼, 우리의 에너지는 차고 넘치지 않다고. 분노나 슬픔 따위를 뿜어낼 시간에, 오히려 그런 것들에 익숙해지고 긍정적으로 넘어가야 한다고. 그렇다면 긍정하는 것은 에너지를 쓰는 일이 아닌 걸까? 어떤 게 정답인지, 꼭 정답대로 살아야 하는지, 이따금 나는 이해하지 못했다.

 "내가 말하는 게 정답이야!" 시끄럽게 떠들어대는 세상 속에 사는 것도 피곤했다. 뭐, 꼭 정답대로 살아야 하나? 그냥 태어난 김에 살고, 사는 김에 살고, 그렇게 살다 보면 원하는 삶이라는 걸 찾게 되는 것 아닐까? 이제는 무엇이 '옳다'고 말하는 목소리에 신물이 났다. 씹으면 씹을수록 쓰다 못해 떫기만 한 삶처럼, 이제는 타인이 옳다고 말하는 정답마저 그저 쓰게 보였다. 다양한 인생을 아무리 달리 씹고 입에 굴려도 그저 떫기만 하다면, 별로 경험하고 싶지 않았다. 차라리 내 삶의 떫음에 익숙해지고 싶을 뿐이었다.

 행성에도 삶의 주기가 있다. 인간의 백 년이라는 삶처럼, 행성도 자신의 생이 다하면 일그러지기도 하고, 뜨겁게 울렁거리기도 하면서 죽음을 겪는다. 그 죽음 뒤에는 영원한 안식이 올 수도, 또 새로운 탄생이 될 수도 있다. 영원할 것 같던 것도, 한 번쯤은 끝을 경험한다는 것이다. 난 가끔 나의 생에 찾아올 단 한 번의 죽음을 떠올릴 때면, 내가 어떻게 살아야 하는지 곰곰이 생각해보기도 한다. 어떤 날은, 내 기억에 남을 한 번의 삶이기에 후회 없이 살아야겠다 싶다가도, 또 어떤 날은 굳이 그렇게까지 애쓰고 싶지 않기도 했다. 그러나 그렇다 한들 어쩌겠는가? 삶의 시계는 속절없이 흘러가고 있고, 나의 가치관과 생각은 시시때때로 변하는 것을. 열심히 살다가 식을 수도 있고, 식다가도 다시 열심히 살게 될 수도 있는 것을. 에둘러 그것을 '잘못산 삶', '멍청한 생'이라고 말하고 싶지 않다.

기우는 시간의 그늘에 잠시 눈을 붙여도 된다. 각자 자신이 사는 삶이 옳으며 정당하다고 시끄럽게 떠드는 세상에 휘말릴 필요 없다. 쉴 땐 쉬고, 무언갈 할 때는 하고, 화를 내고 싶으면 내고, 우울하고 싶을 때 우울해도 된다고. 누군가가 일러준 대로 산다는 건, 마치 숙제를 처리하는 일처럼 피곤하게 느껴지니까. 그저 내 마음이 이끄는 대로, 내 생을 있는 그대로 느껴도 괜찮다. 어차피 어떻게 살든, 우리의 생이 죽음을 향해 내달리고 있으니 말이다.

자신의 삶을 살자. 어떻게 살아도, 각자의 생이다.

술

 사람이 범죄에 관대해지게 되는 때는, 그게 잘못이라는 걸 망각하기 시작하면서부터다.

 잘못인 줄 알면서도 잘못을 저지르게 될 때, 마음 한 편에는 죄명이 찍힌다. 양심 있는 어떤 이는 낙인찍힌 죄명을 평생 달고 속죄하며 살아가고, 또 어떤 이는 눈을 감는 그 순간까지 마음 한 편에 덮어 둔 채 살아간다. 타인에게 티 나지 않게, 홀로 식지 않은 총구를 가슴에 겨냥하며 자신의 세상에 남은 은밀한 비밀을 영원히 제거해 버리기를 원한다.

 양쪽의 선택은 마치 천국과 지옥 같아서, 내가 어떤 선택을 해야 하는지 명확히 잘 알고 있는 때도 있다. 천사의 속삭임을 선택하는 것이 지당했지만, 모든 선택엔 늘 장단점이 존재했다. 우리가 지옥을 택하는 이유는, 그게 더 쉽고 더 매력적으로 보였기 때문이었다.

 밤새 술을 마시고 나자 정신이 흐릿해졌다. 상황 판단이 어려울 때, 사람들은 가장 쉬운 선택을 했다. 대쪽 같던 뚝심도 달콤한 말 몇 마디로 베이고, 그 단검은 어느새 도달하지도 못한 결과를 향해 칼끝을 겨누고 있었다. 사람들은 그럼에도 달콤한 지옥에 흔들리고, 칼날을 피해 낭떠러지로 떨어졌다. 어차피 그에 대한 책임은 오롯이, 선택한 자의 몫이었다. 악마의 속삭임을 한 자들은 낭떠러지에 선 자들의 눈을 가리고, 귓가에 속삭였다. ― 어차피 너만 입다물면 그만이야.

 세상에 악마와 나만이 알 온전한 비밀이 생기고 나면, 세상은 한층 더 다른 색감으로 보였다. 이걸 다채로워졌다고 해야 할까, 황폐해졌다고 해야 할까? 그 비밀은 나의 세상에 메아리 같은 소문이 되고, 그 소문은 다양한 감정들을 건드려가며 이따금씩 튀어나왔다. 길을 걷다가 우연히, 누군가 대화하다 우연히, 어떤 현상을 보다 우연히. 그 우연한 상황 속에 펼쳐지는 내 안의 작은 영화는, 평생 지워지지 않을 오점으로 남았다. 아무도 모르고, 나만 입다물면 되는, 아주 무겁거나 혹은 지저분할 수 있는 나의 비밀들로.

 취기를 못 이기고 택한 불쾌한 선택은 또다시 술을 불렀다. 술을 마신 순간만큼은 영원히 잊을 수 있었으니까. 그리고 술을 마셔야만 마치, 모든 잘못이 용서될 것만 같았으니까. 누군가에게 비밀을 들키는 날 단지, "술 때문에 그랬어요"라는 알량한 핑곗거리를 댈 수 있으니까. 나에겐 한없이 선하고, 누군가에겐 악의가 다분할 핑곗거리가 될 수 있을 테니까. 그런 핑계라도, 뿌리치지 못한 유혹을 어깨에 두른 나에게 얕은 방패막이라도 되어 줄 테니까.

 그렇게 또 밤새 술을 마시다 보면 정신은 흐릿해졌고, 맨 정신이었다면 하지 않았을 선택들을 폭탄처럼 터뜨리고 나서야 연극은 화려하게 막을 내렸다. 다음날 아침, 술김에 벌린 무대가 끝났다는 것을 깨달을 때 즈음, 욱신거리는 머리와 함께 영겁의 후회와 잊고 싶은 기억이 파도처럼 밀려들었다. 이제는 어쩌면 "술 때문에 그랬다"는 핑계도 통하지 않을, 불쾌한 선택은 거대한 실수가 되었을지도 몰랐다.

 하지만, 그럼에도, 뻔뻔스럽게도, 그 사실을 망각한 척한다면 또 어떻게든 살아갈 수 있게 되었다. 그럼 또 마음 한 편에 죄명이 적히고, 그 글씨가 또렷해질수록 사람들은 나를 '그런 사람'으로 기억할 터였다. 여기서 가장 첫 번째 줄로 돌아간다면, 이렇게 말할 수 있겠다.

 "사람이 범죄에 관대해지게 되는 때는, 그게 잘못이라는 걸 망각하기 시작하면서부터다."라고.

2장

나를 사랑하면
빛날 수 있어

숨이 차서 죽을 것만 같은, 개운한 고통을 받고 나자 회색빛이었던 나의 영혼이 새하얗게 정화되는 듯했다. 그렇게 나의 죽어가던 세계도 빨래를 한 듯 깨끗해지는 기분이 들었다. 그때야 나는 비로소 환히 웃을 수 있었다. 나는 한참 그 길에 드러누운 채, 힘찬 달리기로 거칠어진 숨을 가지런히 내뱉으며 하늘을 바라보았다.

스러져가는 빛

 지쳐 쓰러진 병약한 영혼에 대해 말하자면, 사연 많은 이야기들은 희고 가느다란 손을 내게로 뻗쳤다. 내 이야기 한 번 들어보라고, 내가 이렇게 힘들다고. 빛을 원하는 손들은, 저들에게 꼭 필요한 구원을 반드시 그러쥐겠다는 열망으로 내 옷가지를 붙들었다. 나는 그 손들을 붙잡을, 뿌리칠 여력도 없었다. 이야기를 들어주는 일도 지쳐, 그저 멍하니 허공을 응시할 뿐이었다. 그 빛들은, 그 지친 영혼들은 끊임없이 내 귀에 대고 속삭였다. *제발, 내 얘기 한 번만, 들어보라고.*
 익숙지 않아 어려웠을 뿐이다. 세상은, 삶은, 묻어 두었던 희망을 기어코 파냈다. 내려놓으리라고 다짐했는데, 또 어떤 날은 어느 중독자의 밤처럼 자꾸만 꿈을 상기시켰다. 내 바람은 그저 모든 걸 내려놓는 것이었는데, 그 내려놓음이 이제 더는 내려놓을 수 없는 일이 되었다.

내가 언젠가 사람들을 사랑했을 때, 어떤 사람들과 영원히 이별하지 않을 거라고 맹세했을 때, 그때 그 마음이 언제든 변질될 수 있다는 걸 정말 몰랐을까? 어쩌면 변함을 확신했기 때문에, 그런 알량한 약속 따위로 우리 사이를 메어두려 했던 것은 아닐까. 그 연약한 영혼들은, 그 스러져가는 빛들은, 자꾸만 내 몸을 어둠 속으로 끌어내리면서, 아직 벌어지지도 않을 삶들을 읊조렸다. *난 지금 죽을만큼 힘들어, 이러다 죽어 버리게 되는 거 아닐까? 나의 불행을 가져가줘.* 타인의 그 비루한 죽음에 대한 두려움이 여태껏 날 지옥으로 몰아왔던 것을, 나는 전혀 깨닫지 못했다. 그래서 타인의 불행을 내 일처럼 집어 삼켰는지도 모르겠다.

삶의 시선이 그득 묻은 옷을 벗어던지고, 그 옷을 붙잡아 끌어내리는 야윈 영혼들의 손을 뿌리쳤을 때, 나는 비로소 자유를 느꼈다. 왜 아직 벌어지지도 않을 미래를 신경 쓰느냐고, 어떻게든 살아도 된다면 지금 선택에 집중하면 되지 않느냐고. 그 목소리는, 빛이라고 착각했던 수많은 손들을 뿌리치고 나서야 들렸다. 내 내면의 깊은 심해에서, 공기방울 속에 따뜻하게 담겨 있던, 침잠한 내 영혼의 입김에서.

그 무엇도 사랑하고 싶지 않다는 말은, 이제는 나를 사랑하고 싶다는 뜻이기도 했다. 나는 여태 나를 모르고 살았다. 내 지친 육신을 타인의 어깨에 기대야지만 진정한 위로를 받는 줄 알았다. 고독이라는 건, 내 주변에 기댈 사람이 없기 때문에 찾아오는 것은 아니었다. 고독은 언제고 내 곁에 있었다.

내가 홀로 무언가를 이루기 위해 고군분투하는 전쟁통 속에도 고독은 존재했다. 나는 늘 고독했다. 그러니, 타인에 대한 고통을 구태여 내 삶에까지 끌어 올 필요가 없었다. 타인의 고통을 힘없이 바라보게 되었을 때, 나는 진정으로 타인을 사랑할 수 있게 되었다.

내가 그동안 확신을 가지고 살았던 '나'라는 사람은 사실, 꾸며진 '나'일지도 모른다. 산을 좋아하는 줄 알았는데, 알고 보니 바다를 좋아하던 것처럼. 추운 겨울을 싫어하는 줄 알았는데, 언젠가부터 겨울을 기다리고 있던 것처럼. 어두운 밤이 그저 무서운 줄 알았는데, 알고 보니 밤을 사랑하고 있던 것처럼. 나는 한결같은 것이 아니라, 기분과 감정에 따라 언제고 들쭉날쭉하고 있었다는 걸. 모든 손들을 뿌리치고 나서야 내면을 들여다볼 수 있게 되었다. 사실 나는 누군가에게 기대고 싶었던 게 아니라, 고독하게 혼자 해내는 일을 좋아했던 사람이었다는 걸. 어느 날 훌쩍 여행을 떠나 새로운 사람과 대화를 나누는 걸 즐기는 사람이라는 걸.

세상에 끼워 맞춰 사느라 속앓이를 했던 마음은 온종일 눈물을 쏟아냈다. 원망도, 분노도, 자책도 감정의 소용돌이에서 맴돌고 맴돌았다. 그래도 이제는 괜찮다. 이제야 내 마음을 알게 돼서 다행이었다.

여유를 갖는 마음

 한 계절이 흐를 때마다, 나는 금세 지쳐버렸다. 내 모습이 그 계절에 단 하나라고 생각하기 때문일까? 지구의 감정이 조금씩 변화될 때, 온몸으로 기분을 느꼈다. 여름에 정착해 있던 영혼이 가을 곁에 서서 나를 돌아봤다. 여름의 내가 가을의 나를 마주하게 되자, 뜨겁게 달아올랐던 마음이 조금은 누그러졌다.

 '천천히 달려가도 되는 건데, 왜 나는 이렇게나 치열하게 애쓰고 있었던 걸까?'

 그동안 지난날들에 대한 열정과 노력에 대한 결과물을 수확하고, 감사를 느끼는 계절. 요즘은 이 가슴 벅찬 계절을 느긋하게 걸어가는 중이다.

 태양에 일그러진 공기는 두 차례 휘몰아친 태풍이 거둬갔다. 창문을 열자 두 뺨에 선선한 가을바람이 부딪혔다. 계절이 변하는 냄새를 맡으면 기분이 좋아진다. 왜일까, 익숙한 걸 좋아하는 몸인데, 왜 계절이 변하는 건 행복하게 느끼는 걸까? 그 다정한 변화는 오늘 하루 애써온 나의 열기를 식혀주기에 충분했다.

조급했던 마음이 조금 괜찮아졌다. 어떻게 걸어야 할지, 어떤 방향을 보고 나아가야 할지 열을 내며 고민했던 것들이 차분해졌다. 이런 힘든 시기일수록 나 자신이 망가지지 않게 닦아 나가야 한다는 걸, 따뜻하게 껴안아주고 위로해줘야 한다는 걸 잊고 있었다.

우리 모두 안에 잠들어있는 우주가 조그맣게 접힌 시대다. 세상을 사랑하는 마음으로, 타인을 용서하는 너그러움으로, 매일 똑같지만 조금씩 다른 마음가짐으로 채워나가기로 한다. 내일의 나에게도 괜찮다며 손 내밀어 줄 수 있는, 다정한 가을 같은 사람이 되자. 조금 더 성숙하고 무르익은 마음을 천천히 음미해본다.

불완전하면서도 완벽했다

 혼란스럽게 굴러가는 세상 속에서도 빛을 잃지 않았다. 부족함이 많은 삶이라 느꼈던 것은, 어쩌면 나 자신에게 만족하지 않았기 때문인지도 모르겠다. 사람도, 사랑도, 사회도 마음먹은 대로 굴러가는 일이 없었다. 그렇게 엎치락뒤치락하며 이불에 파묻혀 엉엉 울었다. 마치 모든 것들이 내가 부족한 탓이라고 여겨졌기 때문이다. 내가 조금 더 지혜로운 사람이었다면 그렇게 가슴 아파할 일도 아닐 텐데, 하면서.
 여태껏 값진 생이라 여겨왔던 삶은 유리구슬이었다. 차가운 바닥에 부딪히면 산산조각이 날 것 같은, 그래서 다시 이어 붙일 수도 없는, 아주 연약한 유리구슬 말이다.
 그러나 그런 중에도 늘 중요한 것을 잊지 않았다. 빛을 잃지 않는다는 것만큼 중요한 것이 있었을까? 언젠가 나는 종종 "삶의 방향을 잃었다고" 말하곤 했는데, 실은 방향은 잃지 않았다. 언제나 저 먼 곳에 가야 할 목적지는 정해져 있었다.

그러나 최대한 내가 상처를 덜 받기 위해, 조금 덜 아프기 위해, 목적지를 끊임없이 의심해야만 했다. 세상엔 없는 '완벽한 길'을 택하고 싶었던 것이다. 돌이켜보면 그 '완벽한 길'을 찾느라 늘 괴로워하고 있었는데 말이다.

모두가 인생을 처음 살았다. 어떻게 살아야 하는지 골몰하는 것만으로도 세상은 빠르게 흘러갔다. 눈 깜박할 사이에 1년이, 5년이, 10년이 흘렀다. 땅을 치며 후회한들, 얻어지는 것도 없었다. 이제는 변화해야만 했다. 후회하며 그저 흘려보낸 시간만큼 의미 있게 살아야, 앞으로 10년이 조금 더 나아질 거라고 믿어야만 했다.

한때 꿈에 취해 비틀거리고 있을 때 주변을 돌아보면, 주변은 온통 처참한 지옥이었다. 생계도, 인간관계도, 시간도 허무하게 무너져 내리고 있었다. 삶의 모든 것들이 파괴되고 부서져갈 때 굳건히 빛을 쥐고 있다는 건 몹시 괴로웠다. 그랬기에 주변의 사람들이 꿈을 쥔 이들을 보며 박수를 쳤던 걸까? 사람들의 눈에 나는 그저, 하고 싶은 것들을 하며 사는, 마냥 즐거운 사람으로 비쳤을지 모르겠다. 꿈을 가진 이들도 나름의 지옥을 느끼고 있었는데 말이다.

그러나 나름의 지옥을, 지옥이라고 부르지 않기로 한다. 꿈을 쥐고 있었던 순간을 떠올리며, 그래도 대견했다고, 잘 버텨온 시간이었다고 쓰다듬어줄 수 있기를 바란다. 부담의 무게를 이기지 못해 깔려 허덕이거나, 또 며칠동안 이불속에 파묻혀 울상을 짓던 날들이었다고 하더라도 말이다. 가슴속에 품어 둔 불꽃이 언젠가, 어느 때에 적정 온도를 만나 터질지도 모르니까. 어둑했던 인생의 밤하늘에 가득, 환한 폭죽으로 채워질지 모르니까. 괴로운 날들에 짓눌려, 앞으로 헤쳐나가야 할 수많은 고통들을 그저 고통이라고 바라보지 않았으면 좋겠다. 이 또한 지나가리란 농담을 진담처럼 되뇌면서, 그렇게 인생을 살아가기를 바란다.

 돌이켜보면 모든 것이 불완전하면서 완벽했다. 모든 게 잔혹하리만큼 냉혹한 현실이었던 삶, 그 사이 금방이라도 부서질 것 같은 유리구슬 속에 살아가는 삶이라는 것은…. 그 연약한 꿈이 부서지지 않도록 끊임없이 보살피고, 닦아내고, 인내하는 삶이라는 것은…. 그 온전한 부조화 사이에서 더 나은 삶에 대해 골몰히는 삶이라는 것은…. 그 불안징한 모든 것엔 말로 형언할 수 없는 아름다운 완벽이 비쳤다. 우리는 그 사이에서 불안정한 몸을 따뜻하게 품어 보살펴야 한다. 그저 괴로운 지옥은 아니었다고, 그 자체로도 아름답고 소중한 시간이었다고 나를 안아주어야 한다. 그렇게 조금씩, 삶을 살아가는 지혜를 채워나가는 것이라고.

우리의 원동력은 추억이 아니라 불행이었어

 각자만의 사연대로, 녹록지 않은 세월을 보냈어. 겉으로는 고고한 척 긴 목을 드러낸 한 마리의 백조 같았겠지만, 물속은 앞으로 나아가기 위해 끊임없이 헤엄치고 있었지. 불행이라는 강물 속에 몇 번이나 영혼을 곤두박질치고 나서야 삶을 살아가는 법을 깨닫기 시작했어. 당연한 고통이었는데, 그럴 때마다 어리석은 자신을 탓했지. 왜 늘 바보 같기만 하느냐고 말이야.

 언젠가 나의 원동력은 행복했던 과거라고 생각했어. 다시는 돌아갈 수 없는 그 세상에서 나는, 그 누구보다도 환히 웃고 있었어. 날을 새도 좋았고, 가난해도 좋았고, 상처 받아도 예전 그때 모습은 그저 좋아만 보였어. 그땐 죽을 것 같이 힘들고 괴로웠던 불행의 단면들이 시간이 흐르고 나자 충분히 예쁘고 아름다워 보였어.

그런데 왜 시간이 흐르고 나면, 고통스러웠던 순간들이 잊히게 되는 걸까? 시간은 아주 짧은 간격으로 불행을 조작해. 그 불편한 왜곡이 나를 더 행복하게 만드나 봐. 가슴 찢어지는 처참한 이별도 그저 좋았던 청춘의 조각이었노라고 생각해버리니 말이야.

돌이켜 생각해보면, 나는 늘 불행 속에 살고 있었어. 그랬기 때문에 턱밑에 고인 눈물을 닦으며 밤을 지새우곤 했겠지. 세상은 모든 청춘들에게 새싹 같은 삶이라고 가르쳤지만, 정작 나는 내 인생이 전혀 새싹 같지 않아 보였어. 어떻게 살아야 하는지 매번 치열하게 고민해야만 했어. 매일, 매일, 매일…. 시간은 변덕이 심해서, 그 매일 중에서도 매 시간, 매 분, 매 초마다 선택을 쪼개고 갈팡질팡하게 만들었지. 그래서 오히려 성공한 이의 삶에 귀 기울이고, 그들의 결과에 맹신하며 살았는지도 몰라. 타인의 눈치를 봐가면서, 하루에도 몇십 번씩 나를 죽여왔나 봐.

힘든 순간만을 떠올린다면, 오늘이 무척 불행해 보일 거야. 하지만 우리는 잊지 않아야 해. 배가 고플 때 아주 맛있는 음식을 먹거나, 마음이 맞는 친구와 대화를 나누거나, 노곤한 몸을 이끌고 이불 위에 쓰러지듯 드러눕던 때 말이야.

우리는 늘 불행 곁에 몸을 담궜어. 커다란 행복을 만나기 위해 늘 불행하게 달려온 거야.

지금 내 모습이 하찮고 불행하게 느껴진다고 해서, 자책하고 좌절하지 말자. 그 불행 속에서도 우리는 행복해지기 위해 오늘도 최선을 다해 세상과 싸우고, 자신과 싸우고, 꿈과 싸워 왔잖아. 그 대견한 자신을 한 번쯤은 꼭 껴안아 주었으면 좋겠어. 이 불구덩이 같은 현실에서 그 누구도 상하지 않은 순수함으로 살아가지 않아. 각자만의 사연으로, 천천히 깨닫고, 배워가는 중이지.

 오늘도 열심히 투쟁해 온 우리의 하루에 박수를 쳐주자. 마음에 채찍을 내려친 불행 속에서도 우리는 조금씩 성장하고 있으니까. 그 성장이 언젠가는 불행을 잊게 할 만큼 대단한 여유와 행복을 안겨줄지도 모르니까. 어쩌면 우리가 궁극적으로 원하는 것이, 바로 그런 찬란한 것들이니까. 너무 힘들어 죽을 것 같을 때는 숨을 크게 내쉬고, 잠깐의 행복을 만들자. 그 짧은 휴식이 불행에 흐트러진 정신을 튼튼하게 뭉쳐줄 거야.

창

언제나 날카로울 수는 없다.
늘 반듯하고 꼿꼿하기만 하다면
너무 피곤한 인생이 될 테니까.
어떤 날은 뭉툭해도 괜찮다.
잘 부러진다고 해서 연약한 것도,
글자가 못생기게 써지는 것도 아니었다.
뭉툭한 연필은 그 나름대로 매력이 있었다.

- 책 〈그 순간 최선을 다했던 사람은 나였다〉 중에서

세상에 창궐한 전염병은 나의 소소했던 일상조차 처참하게 무너뜨렸다. 안정적으로 직장을 다니며 소박하게 꿈을 좇던 내게 날아든 권고사직은 나를 더욱 더 조급하게 만들었다.

소소하게 책 만드는 일이 생업이 되어 버린 것이다.

초조해지지 말자고, 조급해지지 말자고 하는데도 눈에 보이는 매출이 마음을 되레 더 조급하게 만들었다. 소소했던 꿈이 현실을 만나자, 어두운 회색 괴물이 되었다. 그 괴물은 별빛 한 점 없는 시커먼 밤바다처럼 나를 집어 삼키려 했다.

마음이 급해질 때는 어떤 걸 우선순위에 두어야 하는지 잘 몰랐다. 늘 소중하다고 생각했던 것들은, 그런 순간에는 뒷전이었다. 눈앞에 보이는 것들, 지금 당장 피부에 와닿는 차가운 현실적인 문제들을 치우고 싶어 했다. 그것이 돈이 되었든, 시간이 되었든 말이다. 물질이나 시간적인 것들은 바로 당장 채워지지 못했다. 하루아침에 벼락부자가 되지 않는 이상….

머릿속에 창이 있다. 그 창을 꽉 걸어 닫은 채, 같은 문제에 대해서만 골몰해서는 안 된다. '내가 돈이 없어, 내가 상황이 너무 힘들어, 시간이 없어, 너무 촉박해.' 이런 생각들로는 절대 문제를 해결할 수 없다는 말이다. 바깥이 무척 춥고, 눈이 떨어지는 계절이래도 창문을 열어야 했다. 쓸데없이 복잡한 머리를 환기시키고, 잠시 숨을 고르게 쉬는 것이 중요했다. 그런 뒤에 해결책을 찾는 것이, 고립된 이 상황에서 빨리 벗어나는 방법이었던 것이다.

그러나 나는 현실적인 문제, 그런 시간적인 문제에 골몰하지 않겠다고 수없이 다짐해놓고서도, 연약한 마음인지라 매번 틀어졌다. 잘 나가고 있다는 생각이 들 때는, 눈에 보이는 성과가 있었을 때였다. 그런 성과가 있을 때는 자신감도 넘쳐서 어딜 가나 웃음이 끊이질 않았다. 그러나 그 지표가 고꾸라지는 순간, 얼굴에는 먹구름이 끼었다. 그동안 그토록, 결과에 실망하지 말자고 해놓고선 현실 앞에 나는 무너졌다. 열심히 사는 게 정답이 아니라는 것을 머리는 알고 있었으면서도 마음이 어그러지는 것은 어쩔 수 없었다.

～

물 속에 머리를 처박고 점점 더 깊은 우울감 속으로 빠져들던 그때, 다시 예전처럼 당차게 살고 싶다는 생각이 들기 시작했다. 나는 내 머리와 마음의 창을 열었다.

～

창문을 열고 숨을 고르게 내쉰다. 내가 지금 무엇 때문에 촉박한 것인지를 떠올려본다. 그동안 내가 방만했던 것은 아닌지, 여유가 넘쳐났던 것은 아닌지 돌아본다. 아무리 생각해도 열심히 한 것 밖에 기억이 안 난다면, 혹시 방향이 틀렸던 것은 아닌가 생각해본다. 다른 이들은 다 앞서 잘 걸어가고 있는데, 나만 도태된 것은 아닌가도 생각해본다. 그러다 또 한편으로는 그런 생각을 애써 머릿속에서 지워내 버리려고 노력한다. 남들과 비교할 필요는 없다고, 남들이 가는 방향이 내가 가고자 하는 방향이지도 않다고 생각하면서 말이다.
 마음의 창을 열고 환기를 시키기 위해서는, 고립된 지금의 상태에서 벗어나야만 했다. 나는 가끔 푸른 숲이나, 바닷가에서 시원하게 부서지는 파도를 바라보았다. 찬바람을 맞으며 불안한 기분들을 쏟아내고 나니 마음이 한결 괜찮아졌다. 나를 조급하게 만드는 물질적인 것들은 사실 있다가도 없고, 없다가도 생긴다는 사실을 머릿속으로는 알고 있었다. 하지만 그런 상태가 계속되다보면, 나도 사람인지라 정신이 깨지곤 했다. 정신과 영혼이 엉망진창이 될 때, 최대한 나의 몸에서 멀어졌다. 몸도 영혼도 말라죽지 않으려면, 죽지 않기 위해 스스로를 보살피고 끊임없이 노력해야 했으니까.
 꾸준히 하는 방법 중 중요한 것은 열심히 달려가는 것이 아니라, 가끔 마음의 창을 열어 환기 시키는 것임을 몰랐다. 그랬기에 지쳤고, 우울해졌고, 조급해졌는지도 모른다.
 열어두었던 창문을 닫고 차가워진 몸을 비볐다. 적당히 환기를 시켰으니, 몸도 정신도 다시 뜨거워질 시간이다.

새하얗게 다시

 무언가에 온전히 집중하며 살아가는 하루 속에는 타오르는 꿈과 간절한 열망이 녹아 있었다. 누군가는 열심히 사는 모습에 부러움을 표하기도 했지만, 그다지 부러울만한 일도 아니었다. 최선을 다한 시간에는 쉽게 놓을 수 없는 욕심이 쥐어져 있었다. 그 끝없는 욕망의 길 위에는 선택의 갈림길이 들어차 있었다. 어쩌면 그건 길이 아니라 숲이었는지도 모르겠다. 갈 수 있는 곳은 많은데, 어디로 가야 할지 모를, 그 우거진 숲길에서 나는 한참을 헤맸다.
 저물어가는 20대의 해에서 나는 나이 먹기 싫다고 그저 울고 있지만은 않았다. 외려 어서 빨리 나이가 들고 싶기도 했다. 글을 쓰는 일에는 인생을 넓게 바라볼 수 있는 깊은 통찰력이 필요했던 것이다. '나이'라는 핑계가 있어야, 이 실패의 원흉이 어리숙한 나 자신이라고 자책하지 않을 것만 같았다.

끝없이 무언가에 도전하고 무너졌지만, 분명 그 속에 소소한 성공도 있었다. 그러나 그 잠깐의 성취가 끝없이 펼쳐진 욕망의 바다를 그득 채울 수는 없었다. 더 강하고, 더 커다란 무언가를 얻기 위해 온 몸과 마음을 수없이 내던졌다. 수영도 할 줄 몰랐던 영혼은 욕망의 바다에서 그저 허우적거리기에 급급했다.

아마 모든 이의 이십 대가 그러했으리라. 갈 곳을 몰라 헤매고, 혼자 온갖 짜증과 울분을 토해내면서도 끝내 방법을 찾지 못했다. 누구도 모를 인생의 해답을 기성세대들에게 물었다.

"어떻게 살아야 할까요? 이대로 있다간 죽을 것 같은데요."
기성 세대는 답했다.

"괜찮아, 시간 지나면 다 나아져."
사실 이 말밖엔 답이 없었지만, 당시의 내가 느끼기엔 그 말이 무척이나 잔혹하게 느껴졌다. 지옥같은 이 순간 명확한 해결책 없이, 그저 견디라고만 해서….

내 영혼이 깎여가고 있는 것을 느꼈던 때는, 생각보다 오래 지나지 않았다. 어느 방향으로 나아가야 할지 전혀 모르는 상태에서 무작정 열심히만 살아온 날들…. 이십 대의 막바지에 접어들자, 상처들은 아물 새도 없이 빠르게 곪아갔다. 부끄럽고 미천한 감정의 바닥이 그대로 드러났다.

'차라리 죽는다면, 이렇게 힘들게 살지 않아도 될 텐데.'
때로는 입에 담기도 무서울 생각들을 수없이 떠올리곤 했

다. 악몽 같은 새벽이 줄을 이었다.

 마음이 칠흑같은 어둠 속에 잠겨 있을 때는, 명상이나 글쓰기 같은 것들이 생각을 크게 전환시켜 주지 못했다. 잠깐의 스트레스나 걱정들을 해소해 줄 뿐이었다. 점점 말라 가는 몸과 피폐해지는 정신으로 침대 위에 드러누웠다. 그동안 수없이 펼쳐 놓았던 삶의 방향에 대한 걱정과 고민들이 아득히 멀어져 가고 있었다. 이렇게 사는 게 의미가 있나, 사는 게 지옥 같다. 한숨이 습관처럼 뱉어져 나왔다.

 겨우 몸을 일으켜 책상 앞에 앉았다. 꺼진 모니터의 시커먼 화면을 멍하니 바라보다 문득 거울을 바라보자, 꼽추처럼 몸을 구부린 내 모습이 보였다. 턱밑까지 내려온 다크서클과 수척해 보이는 광대는 이미 체력의 한계를 비추고 있었다. 영혼에도 색깔이 있다면, 아마 그때의 내 영혼의 색깔은 회색빛이었을 테다.

 몸도 마음도 새것처럼 가뿐해지고 싶었다. 병원을 가서 진료를 받은들, 해결될 일 같지는 않았다. 나는 이불을 털어 곱게 개어놓고, 옷을 갈아입었다. 긴 머리는 가지런히 말총머리로 묶었다. 세수를 하고 마스크를 끼고 겉옷을 입었다. 오랜만의 외출이었다.

 운동화 끈을 질끈 묶고 공원을 걸었다. 새 지저귀는 소리와 낙엽 밟는 소리는 언제 들어도 기분이 좋았다. 몸풀기로 가볍게 공원 한 바퀴를 걸은 후, 있는 힘껏 달리기를 했다. 숨이 턱끝까지 차올라 목구멍에서 피 맛이 날 정도로 힘차게.

오랜만의 달리기라 공원을 많이 뛰지는 못했다. 현기증이 날 정도로 뛰고 나자, 나는 산책로 위에 몸을 뒹굴었다. 헉헉거리며 하늘을 쳐다보았다. 청명한 가을 하늘과 살짝 쌀쌀한 공기가 목구멍에 그득 차올랐다. 달리기가 너무 힘들어 머릿속이 새하얘졌다. 그 순간만큼은 정말 아무 생각도 들지 않았다. 혈관을 타고 박하사탕의 화한 기운 같은 시원함이 돌았다.

숨이 차서 죽을 것만 같은 개운한 고통을 받고 나자 회색빛이었던 나의 영혼이 새하얗게 정화되는 듯했다. 그렇게 나의 죽어가던 세계도 빨래를 한 듯 깨끗해지는 기분이 들었다. 그때야 나는 비로소 환히 웃을 수 있었다. 나는 한참 그 길에 드러누운 채, 힘찬 달리기로 거칠어진 숨을 가지런히 내뱉으며 하늘을 바라보았다.

달리기를 마쳤다고 해서 세상이 바뀌는 것은 아니다. 집으로 돌아가서는 방향을 찾지 못해 또다시 고통스러운 시간을 보낼 수도 있다. 하지만 달리기를 마치고 나면, 마치 병들어 있던 나의 세계가 지우개로 지워진 것처럼 개운해졌다. 그 개운함은 회색빛이었던 나의 하루들이 깨끗하고 맑아질 수 있었다. 한동안은 이 힘으로 버텨낼 수 있을 테다.

가끔 한 번씩, 내 영혼이 닳아져있을 때마다 이 공원을 찾아야겠다.

닳아진 내 영혼이 죽는 순간, 나는 또다시 하얗게 태어날 테니까.

크리스마스
~~~~~

 눈이 많이 내리는 어느 아침이었다. 여느 겨울 때와 마찬가지로, 나에게는 그저 차가운 계절이었다. 축 늘어진 커튼 사이로 뿌연 하늘이 보였다. 눈이 많이 내리는 날의 하늘은 꼭 그런 식이었다. 따뜻한 햇살 한 줄기 내비치는 법이 없었다.
 차가운 바람이 새어드는 창문을 꽉 닫아 놓아도, 한기는 어느 틈에선가 살갗을 타고 올라왔다. 두터운 이불에 매끈한 두 발을 밀어 넣었다. 분명 엊그제 밤보다 난방 온도를 더 높였는데, 방은 여전히 냉기가 가득했다. 이 모든 게 눈이 온 탓이었다. 이불속에서 찬 몸을 어루만지며 핸드폰을 들었다. 포털사이트와 SNS에서는 크리스마스가 왔다며 난리를 부렸다. 조그마한 트리와 익살스러운 산타 얼굴이 온 페이지마다 조각조각 오려 넣어져 있었다. 무표정으로 피드를 훑어보다 뮤직 플레이리스트를 켰다. 플레이리스트는 온통 캐럴뿐이었다. 핸드폰을 엎어 버렸다. 이불속의 두 발이 미지근해지려면 아직 멀었는데, 나는 어서 빨리 노곤해지고 싶었다. 차라리 한숨 자고 나면 이 애매한 기분을 잊을 수 있을 것 같았다.

 크리스마스와 연말을 지독히도 싫어했다. 그저 똑같은 하루가 흘러가는 것뿐인데, 단지 한자리 숫자가 바뀐다는 이유로 세상은 요란을 떨었다. 한 해를 열심히 살았으면 어떻고, 또 조금 게을렀으면 어떨까. 한 해를 돌아보는 특별한 마음이 없더라도, 이상하게 '크리스마스'와 '새해'라는 말에 따라오는 '반성'과 '새로운 목표'가 가슴 한구석을 기분 나쁘게 파고들었다. 마치, 이 방의 따뜻함을 거부하는 문 틈 새에 낀 냉기처럼.
 '크리스마스'와 '새해'에 공통적으로 따라 붙는 또 다른 말이 있다. 바로 '사랑하는 사람과 함께'라는 말이다. 어쩌면 그 말이 싫어서 더욱더 몸을 움츠렸을지도 모르겠다. 왜 우리는 평소에는 '사랑하는 사람과 함께' 있지 않다가, 꼭 연말만 되면 찾는걸까? 어차피 내년이 되면 또 우리는 사랑하는 사람들을 망각한 채 살아갈 텐데.
 인생에 어떤 의미를 부여하고 싶지 않았다. 꿈이라는 것은, 목표라는 것은 시간이 흐르면 물거품처럼 사라져 버리고 말았다. 삶이라는 게 결국 그런 게 아니던가. 우리가 죽기 위해 처절하게 살아가듯, 목표라는 것도 서서히 식어가고 있었다.

한 고개, 한 고개 넘어갈수록 반복되는 일상 속에 지쳐있었던 건지도 몰랐다. 늘 똑같이 맞이하는 연말, '내년엔 다르겠지' 싶은 기대, 그런 새해. 마치 그동안의 고생과 수고와 괴로움과 상처는 별일 아니라는 듯이, 설령 있었다 한들 빨리 잊어버리라는 듯이. 우리가 과거를 잊어버리고 살았듯이, 닥쳐오는 내일도 기억 상실을 재촉했다.

 푹 잠을 자고 일어나도 시간은 여전히 오전이었다. 밤새 추위에 떨다 고통스럽게 눈을 뜬 아침, 주섬주섬 스웨터를 입었다. 창밖엔 바람 한 점 없이 고고하게 떨어지는 함박눈이 보였다. 자동차는 거북이처럼 도로를 기어갔고, 거리에 사람은 보이지 않았다. 두꺼운 털목도리를 목에 가득 두르고 부츠를 신었다. 집에 있다가는 생각의 무덤에서 헤어 나오지 못할 것 같았다.
 한적한 거리를 지나 카페에 들어섰다. 카페에는 많은 사람의 훈김이 서려 있었다. 시끌벅적한 수다 사이로 발랄한 캐럴이 흘러나왔다. 나는 뜨거운 커피 한 잔을 시켜놓고, 창가 앞에 앉았다. 고귀하게 떨어지는 함박눈을 물끄러미 바라보았다. 거리의 사람들과 캐럴, 함박눈을 바라보니 그때야 연말인 것을 실감했다. 마침내, 연말은 왔다고. 뜨거운 커피를 호 불었다. 뜨거운 김이 피어올라 안경알에 하얗게 서렸다. 나는 나도 모르게 풋, 웃음을 터뜨렸다. 침잠한 생각에 잠겨 있던 아침이 떠올랐기 때문이었다.

울적한 생각에 빠져들던 크리스마스. 생각에 생각을 잇는 불편한 우울감은 점점 나의 모든 감정과 삶을 무의미하다고 여기게 했다.

 '한 해는 늘 똑같은 일상의 반복이고, 난 어떻게 해도 나아지지 않을 않을 것 같은데….'

 무표정으로 누워만 있었다. 그 무기력이 나를 점점 불행이라는 지옥으로 밀어 넣었다.

 하지만 지금 생각해보면, 굳이 내 인생을 불행 곁에 밀어넣을 필요는 없었다. 당연하게도, 세상 모든 사람은 행복하지 않았다. 다 가진 자도, 어떤 결핍이 있다. 타인의 눈에 보이지 않더라도 말이다. 모두 행복한 표정의 가면을 쓰고 산다. 그렇게 믿어야만 행복해질 수 있기 때문이다. 우리는 모두, 행복해지기 위해 부지런을 떨었다. 불행 속으로 영혼이 빨려 들어가려는 걸, 온 마음으로 막아 세웠다.

 어떤 크리스마스는 고독할 수도 있고, 슬플 수도 있고, 우울할 수도 있다. 모든 이의 크리스마스가 반드시 행복할 필요는 없다는 걸. 그 기분을 느끼는 것이 내 마음에 더 편하다면, 그렇게 있어도 좋다. 그러나 그런 기분에서 금세 헤어 나오자. 언젠가 어느 때에 그런 기분이었던 나 자신이 부끄러워질 순간이 올 테니까.

 우울에 푹 젖어 있지 말자. 어깨에 쌓인 함박눈을 털어내듯, 그렇게 가볍게 이겨낼 수 있는 적당한 고독을 즐기자. 고독한 크리스마스도 온전히 나의 것이니 말이다.

첫눈

 그날 하루는 온종일 눈이 내렸다. 폭설주의보라고 했다. 바람 한 점 불지 않는 고요한 침묵 사이로 눈발이 고고하게 떨어졌다. 하얀 눈송이는 하늘을 가득 메우고도 모자라 온 세상을 하얗게 물들여 나갔다. 한 송이, 한 송이씩 켜켜이 쌓여가는, 혹은 염색되어가는 세상의 원단 위에 내 마음은 심란할 정도로 침착했다. 백색의 계절에 유난을 떨던 마음은 이미 바랜 지 오래였다. 이렇게 다 죽어간 낭만에 참담한 장례를 치를 수도 없었다. 그저 담담하게, 그래, 나 이제 한 두 살 먹은 어린애 아니지, 머릿속으로 세월의 고개를 굽어볼 뿐이었다.

 세상의 모든 설렘과 낭만을 그러쥔다는 것은 욕심일 테다. 사람이 나이가 들어가듯, 인생도 당연한 타이밍이 있었다. 언제까지 배신에 상처만 받을 수 없고, 새로운 사랑에 설렐 수 없고, 누군가의 눈총에 속앓이 할 수 없다는 걸. 평소와 다른 온도에 마음이 뒤틀려도, 결국 다 똑같은 결말일 거란 판단을 내려야만 한다는 걸. 그것이 설령 속단일지라도 말이다.

쉽게 흔들리던 시절은, 흔들려도 용서받을 수 있는 때였다. 그땐 누구나 쉽게 흔들렸다. 쉽게 상처를 주고, 쉽게 사랑에 빠지고, 쉽게 우울에 물들었다. 그랬기에 아주 작은 위로나 공감도, 상처 받은 영혼에게 치유가 될 수 있었으리라. 그러나 나이가 들어갈수록, 뻔한 위로의 말에 고개를 끄덕일 수 없게 되었다. 삶을 살아가면서 단련해온 마음 때문이리라.

언젠가 첫눈을 보며 아름답다고 생각한 적이 있었다. 그러나 지금은 쌓인 눈이 시커멓게 녹아 내려가는, 첫눈의 마지막 모습을 먼저 생각했다. 내 인생의 마지막은 어떤 모습일까? 깨끗하고, 아름답고, 그저 앳되기만 했던 시절만큼, 마지막 모습도 순수할 수는 없는 걸까? 첫눈도, 물건도, 삶도 모든 것이 같은 순리대로 흘러간다면, 인생은 생각보다 찬란한 건 아니겠구나. 서서히 닳고 병들어가는, 우리는 죽기 위해 살아가는 것이겠구나. 그런 생각을 하면, 또 한 편으로는 한없이 낭만에 젖어있고만 싶었다.

상처 받지 않기 위해 단련해온 몸과 마음이다. 그러나 때론, 마음이 시키는 대로 흘러가고 싶기도 했다. 어쩌면, 그저 순수하기만 했던 시절을 그리워하고 있는 것일지도 모를 테다. 모든 것이 용서되던, 어리니까 괜찮다던, 그 뻔해빠진 위로가 진심이라고 느껴지던 날들을.

 그러나 우리는 시간을 거슬러 되돌아갈 수 없다. 다시 젊었던 그때로, 마음껏 누군가를 열렬히 사랑하고 헤어지던 때로, 상처를 받는 것도 주는 것도 용인이 되던 때로, 방황하는 것이 이상하지 않던 때로… 우리는 너무나도 먼 여정을 떠나왔다. 그래서 삶이란 참으로 서글프고, 잔인한 것 같다. 지난 날들을 그저 바라만 봐야 한다는 걸, 잘못되고 뒤틀렸다고 생각했던 것들을 고칠 수 없다는 걸 인정해야만 하는 현실 때문에.

 그렇듯 인생은 첫눈 같다. 깨끗하게 태어난 우리가 이 세상에서 조금씩, 조금씩 녹아 없어지는 중이라는 걸 보면 말이다. 그러나 그저 슬프게만 바라볼 일은 아니다. 우리의 이 차가운 눈송이 같은 삶도, 온몸을 다 하여 뜨겁게 녹아내리면, 다음에 올 봄날을 더 찬란하게 만들어 줄테니까. 누군가의 파릇파릇한 인생에 조그마한 자양분이 된다는 것. 우리가 눈발로 태어나 봄으로 죽어간대도, 그런 의미 있는 생이라면 다 괜찮다.

새해

할 수 있다는 뻔한 말을 두르고,
마른 아랫입술을 적시며 긴장한 티를 내겠지만,
사실 그것은 오롯한 두려움이 아니다.

내일에 대한 기대와 해낼 수 있단 자신감이다.

나를 믿고, 파도를 믿고, 바다를 믿자.
나의 바다에서는 오직 믿음과 희망만이 넘실거릴 수 있도록.

- 책 『그 순간 최선을 다했던 사람은 나였다』 중에서

언젠가 그런 기운을 사랑했다. 반짝거리며 천천히 죽어가는 빛 속에도 희망을 찾는, 그 처절함 속에 비친 간절함이 기적을 일으킬 것만 같은 기운. 세상의 모든 삶은 조물주가 내린 사명을 안고 살아가듯, 비루하지만 단단한 시간을 뭉치고 있었다. 밝은 스탠드 주위를 종이로 둘러싸면서 마음을 다잡았다. 오직, 새해가 밝았다는 이유만으로, 의지는 천천히 뜨거워지고 있었다.

 매번 똑같은 한해의 반복이었지만, 새 달력을 넘기면서 늘 새로운 영혼을 생성해냈다. 캐릭터를 하나 더 만들어내듯, 지난날의 나는 죽어 없어지고 새롭게 탄생하는 기분이었다. 새로운 계획을 세우면서, 혹은 새로운 물건들을 채우면서 나는 새것의 일상을 최대한으로 만끽했다. 그래야만 구질구질한, 실패로만 얼룩진 지난 과거를 청산할 수 있을 것만 같아서.

 삶은 계획했던 대로 굴러가지 않았다. 최선을 다해 열심히 준비했던 시험에서 고꾸라지는 일쯤이야, 이젠 아픔이라고 칭하기에도 민망할 정도였다. 때론 의지가 실패라는 틈을 가득 메울 수는 없었다. 틈은 시간이 흐를수록 점점 더 벌어졌다. 실패를 막기 위해 덕지덕지 붙여왔던 열정과 시간과 노력들이 애처롭게 흘러갔다. 그래도 의미 있다고 말할 수 있었던 건, 어떻게 하면 실패를 잘 메꿀 수 있는지 터득하는 법을 배웠기 때문이었다.

 올바른 방향을 찾아가는 건 쉽지 않다. 그걸 알았다면 모두가 한 방향만을 향해 걸어갔을 테다. 각자의 인생은 각자의 체력과 각자의 마음에 맞는 방식이 있었다. 누군가의 성공담을 따라 걸어간다고 해서 반드시 이룰 수 있는 것도 아니었다. 때론 이것도 해보고, 저것도 해보고, 그 과정에서 나만의 정답을 찾는 것도 중요했다.

 모든 이가 정답을 원했다. 그러나 정답을 찾는 일은, 마치 미지의 보물선을 찾아 여행을 떠나는 모험가의 삶처럼 느껴졌다. 파도가 휘몰아치고, 모진 눈보라와 태풍, 때론 목을 축일 수 없을 만큼의 빈곤에 시달려야 했으며, 동반자를 원수처럼 여길 만큼 편협한 세월에 영혼을 밀어 넣어야만 했다. 그걸 견딘다고 해도 반드시 정답을 찾을 수 있다고 보장할 수도 없었다. 그러니 어떤 이는 정답을 갈망하면서도 몸소 실천하지 않았다. 자신의 인생을 전혀 다른 세상에 사는 사람의 인생처럼 치부해버리며, 어쩌면 방관자처럼, 또 어쩌면 목격자처럼 살아가가곤 했다. 거의 대부분의 사람이 그랬다. 목표라는 것은 유통기한이 훨씬 넘은 냉장고 속 우유 같은 것이었다. 연초에 그러쥐었던 뜨거움은 자신도 모르는 사이에 천천히 식어, 결국 연말이 되어서야 후회와 참회 속에 버려지게 되었다. 먹을 수 있었으나, 애초부터 품지 말았어야 했던 금단의 꿈이 된 것이었다.

 이 여정은 전혀 행복하지 않다. 해보겠다고 다짐하는 것 자체도 큰 용기가 필요하다. 계획을 이행한다고 해서 무슨 사약을 마시듯 당장 죽어버리는 일도 아닌데, 이상하게 주저하게 된다. 혹시 실패하게 되면 어쩌나, 모든 노력이 수포로 돌아가면 어쩌나, 사람들의 시선을 감당할 수 있을까, 하는 두려움 때문에. 참 우습게도, 그 마음은 시작도 전에 피어난다. 마치 전생에 이미 그 계획에 대한 실패를 맛본 사람처럼.

 무작정 도전하라고 말하지 않겠다. 그러나 열심히 살아온 지난 노력을 아무것도 아닌 것처럼 말하지는 말자. 실패뿐인 삶 속에도, 삶을 더 지혜롭게 살아가는 법 배운 것이니까. 반성은 할 수 있으나, 자신을 미워하지 말자. 성과 없는 노력도 값진 시간이었다. 모두가 도전에 주저할 때, 과감 없이 저질러본 자신을 응원하자. 전혀 행복하지 않은 여정에서 달콤한 꿈을 그러쥐는 건, 애초에 쉽지 않은 일이었다. 쉽지 않은 일이라는 걸 인정하면, 도전하기로 한 마음도 조금 더 진지해질 것이다.

 도전하기로 마음먹었다면, '할 수 있다'는 나만의 주문을 외며 계획대로 하나씩 실행해보면 된다. 새해가 주는 마법 같은 의지가, 단순히 새해이기 때문에 금세 사라질 의지라도 좋다. 하루하루 똑같던 일상에 다시 또 뜨거운 의지를 심게 된 계기가 됐을 테니까. '할 수 있다' 그 마법으로 내년에 변화될 자신의 모습을 응원해보자.

꽃샘추위

 겨울이 오면 어김없이 게으름이란 이름의 동면에 빠져들곤 했다. 잘 살아보자고, 죽어있지 말자고 다짐했던 마음이 어쩜 이렇게도 실없이 쓰러져버린 걸까? 그 무덥던 여름에도 생생하게 날뛰던 영혼은, 한 해의 끝자락에 와서야 꽁꽁 얼어붙었다. 그러나 그것을 날씨가 추운 탓으로 돌리기에도 애매했다. 한창 추울 1월 1일, 새해로 넘어 간다는 이유만으로, 새 달력에 빨간 동그라미를 치며 깊은 게으름의 늪에서 빠져나오려 애쓴다. 그럼 참 신기하게도, 바로 당장 성실하게 살아갈 수 있을 것만 같다.

 생활에 활력을 불어 넣어야겠다고 다짐한 것은, 비단 나의 의지가 고꾸라졌기 때문만은 아닐 것이다. 수없이 내리친 자신에 대한 정신적 학대가 스스로를 지치게 만들었을 것이다. 괴로운 자학은 집어치우고, 새로운 일을 갈망했을 테다. 그런 와중에도 지쳐가는 마음을 약해 빠진 마음이라 자책하며 괴로운 일상들을 보내왔다. 다른 사람들도 열심히 살아가는 세상에서, 조금이라도 뒤처지지 않기 위해 안간힘을 쓰면서 말이다.

잔혹한 세상에서 동화 같은 교훈이라도 얻어보려, 밤잠에 들기 전 작은 반성과 진실의 고백을 뱉었다. 오늘 나는 어떤 실수를 했는지, 다음에는 이런 실수를 반복하지 않기로 하고는 또 끙끙 앓았다. 때론 반성만으로는 해결되지 않는 일도 있었다. 그럼에도 지나간 시간에 대해 자꾸만 회상하게 되었다. 밤을 지새우는 날들도 길게 이어졌다. 어떤 날은 그런 생각조차 지칠 때도 있었다. 몸도 마음도 피곤해질 때면, 복잡한 생각들이 덧없게 느껴지곤 했다.

언제까지 이런 의미없는 생각을 하며 살아야 할까?
그냥 한 번쯤은 편히 잠에 들 수는 없는 걸까?

불면증에 시달린 밤들이 쌓이면, 금세 주말이 왔다. 쉬고 싶다는 생각에 아무것도 하고 싶지 않았다. 남들도 다 한다던 자기 계발, 취미 같은 것들이 머릿속을 스쳐 지나갔다. 나도 뭔가를 해야한다는 압박감과 조바심, 그러나 생각이 많은 머리와 달리 나는 이부자리에서 한참 일어나지 못했다.

너무 게을러. 뭐라도 해야하는데 난 체력도 없고 약해.
정말 짜증나, 지금.
그런 날이면 나 스스로를 끊임없이 증오하고 미워했다.

그러나 이런 나 자신에 대해 더 이상 상처를 허락하지 않기로 한다. 이미 벌어진 상황은 받아들이고, 후회와 자책 속으로 자신의 영혼을 몰아세우지 않기로 한다.

 벼랑 끝으로 내 영혼을 몰아갈 때마다, 내 인생의 계절은 점점 더 추운 혹한기로 접어들 테니 말이다.

 단지 십이월이기 때문에, 한 해의 끝자락이기 때문에 마음이 조급해지는 것이 아니다. 아무 것도 이룬 것 없다고 자책하거나 우울해할 필요도 없다.

 마음이 울적해지는 이유는, 어쩌면 아직 내 인생을 사랑하고 있다는 증거가 아닐까? 아쉬운 시간만큼, 더 힘차게 다시 내 인생을 살아보고 싶다는 의지. 쉽게 고꾸라질 목표라도, 내일의 나에게 응원을 던지고 싶은 따뜻한 마음.

 아무 것도 이루지 못했다고 원망 속에 자신을 가두기보다는, 때론 열린 마음으로 지친 나를 안아주길 바란다.

 그래도 인생의 계절이 춥게 느껴진다면 그땐 작은 목소리로 나에게 위로를 건네보자.

 이 쌀쌀한 바람은, 봄을 맞이하기 전 마지막으로 맞이하는 꽃샘추위같은 것이라고.

게으름에 대하여
~~~~~~~~

 좋아하는 일을 하면 지치지 않겠다고 생각한 적이 있었다. 하지만 좋아하는 일을 해보니, 좋아하는 일을 하는 것이야말로 치열하게 고민해야 하는 것이었다. 자신이 진심으로 사랑하는 일이기에 더없이 신중해졌고, 아마추어보다는 프로의 모습을 꿈꾸게 되었고, 그것 때문에 자질의 문제에 대해 수없이 되묻곤 했다.
 '그저 좋아한다고 이 일을 잘 할 수 있겠어?'
 나는 그 물음에 아직도 명확한 정답을 내놓지 못했다. 좋아하는 것과 잘하는 것은 분명히 다른 문제였다.
 요 며칠 바짝 공모전을 준비했었다. 세상에 인정받는 글을 쓰고 싶었다. 누군가는 내게 "그건 욕심"이라고 말했지만, 나에게는 낮은 자존감을 끌어올리는 방책 중 하나였다. 스스로 글을 잘 쓰지 못한다고 생각하면, 눈에 보이는 누군가의 인정을 받으면 되는 것이었다. 그러나 그 길을 가는 것 자체도 자존감을 부스러뜨리는 일 중 하나였다. 성취에 대한 기대 때문이었다.

수상에 대한 기대는 나의 실력과는 전혀 무관한 것이었다. 어설프게 글을 써서 어느 공모전에 투고했다고 하더라도, 나는 두 손을 모으고 수상 소식을 기다리고 있을 것이었다. 수상작이 공개되는 날, 만일 내가 떨어지게 되더라도 나 자신을 깎아내리지는 말자고 수없이 다짐했다. 기대하지 않을 것, 요란법석 떠들지 않을 것, 침착하게 기다릴 것. 그것이 지금 내가 할 일이었다.

그러나 마음 한편에서는 기대로 인한 불안감과 초조함이 스멀스멀 피어올랐다. 그 시커먼 연기는 금방이라도 내 마음의 집체를 뜨겁게 삼켜버릴 것만 같았다. 나는 초동 작업으로 불안감을 잠재우기 위해 그간 내가 하지 않았던 것들을 마음껏 해보기로 했다. 불안감을 잊을만한 아주 달짝지근한 유혹. 이른바 일탈, 딴짓거리라고 할 수 있겠다.

평소 나의 일과는 아침에 일어나 글을 쓰거나 필사하는 것으로 시작됐다. 이후에 서점에 가서 책을 읽거나 집에서 출판 일을 하기도 했다. 공모전을 시작하기 전에는 꾸준히 했던 작업들이었다. 그러나 공모전에 작품을 투고하고 마음이 뒤숭숭할 때면, 나는 일상적인 계획들로부터 도망쳐 나왔다. 오후 2시까지 늑장을 부리며 이불속에 파묻혀보기도 하고, 남들이 한다는 게임도 하루 종일 해보고, 유튜브 영상을 보며 과자를 까먹기도 했다. 평소라면 절대 용납할 수 없는, '게으름의 끝판왕'이 된 것이었다.

한때 내가 딴짓에 대해 예민하게 반응했던 이유는, 그 생활에 물들어 다시는 성실하게 살지 못할 것이란 두려움 때문이었다. 나는 늘 일정이 적힌 다이어리를 옆구리에 끼고 다녔다. 사람 만나기를 좋아하니 약속도 늘 끊이지 않았고, 하루에 해야 하는 계획들도 수두룩 빽빽이었다. 그것들을 하나하나씩 지워나가는 것은 이루 말할 수 없는 짜릿한 쾌감이었다.

그러니 오히려 나에게는 아무것도 하지 않는, 이른바 '게으름의 끝판왕'인 내 모습은 그저 가만두고 볼 수 없는 것이었다. 다시는 성실했던 때로 돌아가지 못할까 봐, 목표를 이루면서 느끼는 짜릿한 쾌감을 잊게 될까 봐 늘 초조해했다. 그래서 쉬는 것이, 그저 편한 휴식만은 아니었다. 이렇게 살다가는 내가 생각하는 이상적인 사람이 아닌, 꿈의 테두리 밖으로 도태된 사람이 될 것만 같았다. 남들이 나에 대해 실망한 눈초리로 쏘아보는 것보다, 나 자신이 스스로에게 좌절감을 느끼게 될까 봐 겁이 났다. 그래서 그렇게 쫓기듯 계획을 이행하며 살아왔는지도 모른다.

그래도 나는 알고 있었다. 이 딴짓은 나에게는 큰 일탈이었지만, 이 일탈도 오래가지 못할 거라는 걸. 고등학교에 다니던 시절, 대형 공모전에 장편소설을 투고하고 떨어졌던 적이 있었다. 그때도 글에 대한 회의를 느껴 펜을 놓고 친구들과

매일 같이 놀기만 했다. 누구나 그렇듯 평범하게 야간 자율 학습 시간에 공부도 해보고(당시 나는 그 시간에 선생님 몰래 글을 썼었다), 기숙사에 들어가서는 밤새 글을 쓰는 대신 제시간에 잠에 들어보기도 했다. 그러나 그 일탈은 결국 나를 일주일 만에 다시 원고지 앞에 앉혀 놓았다. 이것 아니면 안 되겠다는 생각과 열심히 하지 않았다는 죄책감, 미래에 대한 불안감이 물밀듯 밀려 들어왔기 때문이었다.

결국 이런 게으름도 언젠간 끝나고 말 것이었다. 나는 펜을 다시 잡을 것이고, 일을 열심히 할 테고, 사람들을 부지런히 만날 것이었다. 언젠가 다시 돌아와 본 적이 있듯이, 갔던 길을 따라 또다시 돌아올 수 있을 것이라고.

그렇게 나는 거짓말처럼 다시 나의 일상으로 돌아왔다. 일탈을 감행한 지 불과 일주일도 채 안 되었을 때였다. 신나게 해대던 게임도 지루해졌고, 영상은 더 이상 볼만한 게 없었으며, 침대 위에 누워 있는 것도 허리가 쑤셔 도무지 오래 할 수 없었다.

공모전에 대한 기대는 여전히 마음 밑바닥에서 잔잔히 흐르고 있었다. 그러나 기대라는 물은 발등으로 차며 다닐 수 있을 만큼, 그렇게 높은 부담도 아니었다. 되면 좋고, 안되면 말고. 공모전이야 내년에 또 도전하면 되지. 그런 생각이 들자, 오히려 지금 하는 일들에 조금 더 집중할 수 있게 되었다. 잠을 자거나, 게임을 하거나, 영상만 보고 있기에는, 이 시간이 무척 아까웠으니까.

이런 고민은 나만 하는 것이 아니었다. 나의 몇몇 친구들은 종종 비슷한 고민으로 털어놓기도 했다.

나 하루 종일 자기만 했어.

난 한 달을 내내 놀러만 다녔어.

난 일 년 동안 한 게 없어.

처음엔 나도 그들에게 열심히 살아보라는, 마음에도 와닿지 않을 조언 따윌 건넨 적이 있었다. 그러나 생각해 보니, 그들의 그런 게으름도 나름의 이유가 있겠다는 생각이 들었다. 그동안 여러 가지 바쁜 사유로 바삐 살아왔던 것이라고, 아니면 어떤 방향을 잡고 살아가야 하는지 찾지 못한 것이라고, 아직 인생에 터닝포인트 같은 기회가 찾아오지 않은 것이라고. 그래서 휴식이 필요했던 걸지도 모르겠다.

대개 게으름에 대해 고민하는 사람들은 그동안 치열하게 살아왔던 사람들이었다. 그리고 지금의 나처럼 달콤한 게으름에서 헤어 나오지 못할까 봐 두려워하는 사람들이었다. 열심히 살아왔다면, 몸과 마음이 기억하고 다시 열심히 살고 싶어 할 것이었다.

그러니, 게으름을 두려워하지 말았으면 한다. 그런 딴짓은 아주 간약한 것이어서, 한 계절의 환절기처럼 짧게 왔다가 금세 날아가 버릴 테니까.

불확실한 미래에 대하여

 표류한다는 말을 너무 쉽게 써왔다. 그동안 내가 인생을 모른다는 이유로 헤맸던 방황은 아무것도 아니었다는 걸, 난 정말 어렸다는 걸 깨닫고 나서야 고개를 숙였다. 타인과 대화하는 걸 그토록 좋아했는데, 이제는 입술을 떼는 것조차 힘에 부쳤다. 이전 나의 에너지는 전부 어디로 증발해 버린 걸까? 다시 예전처럼 밝아질 수 있을까, 싶다가도 지금 이대로의 잔잔한 호수 같은 마음이어도 괜찮겠단 생각이 든다.
 언젠가 내 인생에 열정이라는 단어가 지워지는 때가 온다면, 난 매우 서글픈 인생을 살고 있을 거라고 속단한 적이 있었다. 그래서 늘 차가워지지 않기 위해 부단히 노력하며 살았다. 조금이라도 마음에 불씨가 꺼지려 할 때면 아등바등하면서, 어쩔 땐 어린아이처럼 울기도 하면서 그렇게 나 자신에게 채찍질을 가했다. 그런 가학적인 자해에도, 천천히 가라는 사람들의 위로에도 나는 좀처럼 정신을 차리지 못했다. 끊임없이 날 상처 입히고, 조롱하고, 영혼의 멱살을 휘어잡아 질질 끌고 가기에만 급급했다.

 나의 인생은 전체적으로 그랬다. 꿈을 이루거나 야망을 품는 것 따위의 일만이 아니었다. 사랑도, 우정도 나는 늘 조급하기만 했다. 날 끊임없이 표현하고 싶었고, 타인에게 상처를 주고 싶지 않았고, 이별하고 싶지 않았다. 그래서 결국 상처도 많이 입었다. 그렇지만 나만 이렇게 힘든 삶을 살고 있다고 생각한 적은 없었다. 모두가 다 나와 비슷하게 살고 있다고 생각했다. 그러니 아프다고 징징댈 필요가 없다고, 또 한 번 나 자신에게 모진 말을 내뱉었다. 나약하다고, 그것 하나 이겨내지 못한다고 말이다.

 그러나 지금은 모든 것이 생경하다. 표류한다는 말, 방황하고 있다는 말을 쉽게 써왔던 걸 반성한다. 난 지금이야말로 내가 뭘 해야 하는지 알 수가 없다. 미래에 대해 이토록 불안했던 적이 없었다. 나는 늘 꿈과 희망에 부풀어 있었는데, 이제 내 미래는 무언가 제한적이고 불투명하게만 느껴졌다. 나이가 주는 압박감과 나이가 들어가면 으레 해야만 하는 가장 전형적인 인생의 절차들에 대해 고심하기 시작했다. 나는 늘 새롭게 내 인생을 쓰고 싶어 하면서도, 남들이 걷는 평범한 길을 눈으로 쫓고 있었던 것 같다. 연애라던가, 결혼이라던가, 인간관계라거나, 결국 꿈이라는 것에 대해서도. 그래서 지금 이 시기의 혼란을 어떻게 정리해야 할지 모르겠다.

서른, 그 이전의 내 인생은 그저 어떻게 흘러가도 좋았다. 하루하루 열심히 살면서 그게 전부인 것처럼 살았다. 결국 모든 경험들이 내 인생에 자양분이 될 거로 생각했다. 그런데 생각해 보면 그런 마음을 가지고 열심히 살았던 날들은, 신중한 선택은 아니었다. 열심히 하면 다 잘 될 줄만 알았으니까. 그런데 지금은 그럴 수가 없었다. 열심히만 살아서는 안 된다는 걸, 신중하게 선택해야만 한다는 걸 하루가 덧대어질수록 점점 더 뼈저리게 느끼고 있다.

 누군가를 만나, 이제는 정착하고 싶다는 생각을 한 적이 있었다. 그러나 그 정착이라는 것, 안정적이라는 것이 주는 불편한 감정이 스멀스멀 피어올랐다. 난 그저 열심히만 살았을 뿐, 뭔가 눈에 보이는 성과 같은 것을 제대로 쥐어본 적이 없었다. 경험은 남았지만, 결과는 없었다. 그런 나에게 정착이라는 말은, 마치 내 인생의 도전과 자유, 열망이나 꿈 따위가 완전히 저버리는 것 같은 기분이 들었다. 나이를 먹어갈수록, 마지막 사랑에 대한 생각이 깊어질수록, 나는 점점 더 말라가고 피폐해졌다. 그 시기, 난 할 수 있는 게 아무것도 없었다. 어느덧 사회의 전형적인 순서에 따라 나도 그렇게 흘러가고 있었다. 그 굵직한 줄기를 꺾어버리기까지, 난 아주 많은 눈물과 피를 쏟아냈다.

 도전적인 삶이라고 생각하며 살아왔지만, 난 누구보다 안정적인 것을 추구하며 살았다. 그러나 지금, 난 내 인생에 그 어느 때보다도 처절하게 자유를 향해 나아가고 있다. 안정적인 것, 마지막 사랑, 평범하게 살아가는 삶에 대한 모든 의지를 꺾자, 내 안에 남은 것은 공허함과 불안감, 그리고 알 수 없는 미래에 대한 미칠 것 같은 두려움뿐이었다.

 그래서 타인과의 대화나 삶을 들여다보는 것에 신물이 나게 된 것일지도 모른다. 이제 난 내 몸 하나 건사하게 일으킬 힘조차 없었다. 아주 겨우, 힘겹게 하루를 살아내면서 확신이 없는 미래를 또렷하게 마주해야만 했다. 점점 더 하루가 깎여 갈수록, 나이가 들어갈수록, 하루라도 더 젊은 내가 미래의 나를 위해 할 수 있는 것들을 온몸이 닳아져라 해야만 했다. 그것만이 불안정한 하루를 조금이라도 단단하게 만들어 주었다.

 난 아직도 확신이 없다. 삶에 대해, 사랑에 대해, 사람에 대해. 다만, 이제 나는 더는 상처받고 싶지 않다. 경험이라 생각했던, 그 부질없는 것들에 에너지를 쏟고 싶지도 않다. 가만히 방에 틀어박혀 소소하게 책을 읽고, 아주 조금 밥을 먹고, 일찍 잠에 드는 것이 훨씬 더 행복했다. 하루 종일 미래의 두려움과 싸워야만 하는 나에게 주는 휴식. 확신이 없는, 안타까운 나의 인생을 안쓰럽게 여겨주는 것만이 삶의 낙이 되어버린, 아주 고달프고 서글픈 시간 말이다.

미래는 불확실할 수밖에 없어.
아직 겪어보지 않았으니까.

안정적인 삶을 경계하며 써 내려왔던 나의 지난 인생. 열정이 죽어 없어진다는 것은, 나에게는 마치 미래가 없는 것처럼 느껴졌다. 그래서 나이가 드는 것을 더욱더 경계했는지도 모른다. 나에게 '서른'은 마치 그런 것이었다. 열정이 죽어 없어지는 시기, 내가 그리던 미래가 잿가루가 되는 것 같은, 조금은 불쾌하고 두려운 나이.

 그러나 열정이라는 것은 반드시 활활 불타오를 필요는 없었다. 삼십 대의 열정은, 이십 대의 열정과는 또 다른 얼굴을 하고 있을 터였다. 조금 더 잔잔하지만 은근하고, 뜨겁지 않아도 뭉근한 온기. 오히려 연탄처럼 오래가는 열정이라면, 지치지 않고 더 행복하게 꿈을 꿀 수 있지 않을까?

 미래는 불확실할 수밖에 없다. 아직 겪어보지 않았으니까. 그러나 꿈이나 목표를 세우고 나아가는 이들에게 미래는 아주 중요했다. 타임머신이라도 있다면, 미래로 달려가 나의 운명이 어떻게 결정될지 엿보고 싶을 정도였다. 그러나 미래에 집착할수록 현재 나의 마음이 조급해졌다.

 나이가 들면서 필연적으로 맞닥뜨리게 될 운명이 있다면, 거스르기보다는 있는 그대로 받아들이자. 피할 수 없는 운명이라면 말이다. 운명을 변화로 개척하는 일은, 우선 내 마음에 평화가 찾아온 후에 실행하자. 모든 면에서 완벽할 수 없음을, 삶은 미완에서 시작하는 것임을 이해하자. 완벽에 대한 강박을 버리면 여유를 가질 수 있게 되고, 여유에서 어쩌면 새로운 변화를 만날 수 있게 될지도 모른다.

휴식을 취하는 방법

 나 스스로에게 관대하지 못하다는 사실은 누구보다도 잘 알고 있었다. 그것이 나의 치명적인 단점이자 또는 장점이었으니까. 끝도 없이 줄을 선 계획들은 그걸 성취했을 때 돌아오는 깊은 안도감으로 날 더 자극했다. 도태되지 않겠다는, 조금이라도 발전하고 있다는 생각이 들게끔 만들었다. 그래서 오히려 남들이 뭐라 하건 무리하면서까지 계획을 수행하려고 했다. 그것이 어찌 보면 나의 마음을 지키는 일 중 하나인 셈이었다.

 그렇게 수년 동안 한결같은 일상만 반복했다. 수많은 계획과 일은 족쇄에 묶인 듯, 떼어내지 못하는 성가신 혹처럼 그렇게 붙어 있었다. 어느 순간 한 몸이 되어서는 떼려야 뗄 수 없는 삶이 되었다. 이제는 벅찰 일도, 힘들일도 없었다. 습관이라는 말도 우스울 만큼 너무 내 일상에 스며들어 있었다.

사람들은 오히려 그런 내 모습을 보고 '무리한다'라고 했다.
왜 쉬어야 하지? 아무 것도 안 하면 불안한데….
나는 그러면서도 꾸준히 내가 가야 할 길을 걸었다.

그러나 방향이라는 건, 늘 한결같지만은 않았다. 조금 더 나은 방향을 위해 나름의 시행착오를 경험하면서, 어쩌면 조급한 마음을 가지기도 하고 또 한 편으로는 목표에 대해 이런저런 생각을 낳았다. '언젠간 잘 되겠지', '이대로만 하면 성공하겠지', '내 인생 무탈하겠지'와 같은 안일한 생각이 있는가 하면, '다른 걸 시도해야하나?', '이 길이 나와 맞지 않나?', '내가 잘 맞게 가고 있는건가?' 와 같은 흔들림도 있었다. 결국 나의 견고했던 표지판이 꺾여버리고, 나는 어느 순간 방향을 잃었다. 내가 가야 할 곳, 내가 막연하게 생각하고 있던 불투명한 '성공'에 대한 기대들, 그리고 그런 꿈들을. '정말 언젠간 잘 될까?', '내가 하고 있는 게 맞는 건가?', '내가 할 수 있을까?' 어쩐지 내가 하는 일들이 마치 맨땅에 헤딩하는 것처럼, 이룰 수 없는 꿈을 꾸는 이상주의자같이 느껴졌다.

꾸준히만 하면 된다는, 판에 박힌 말들을 믿으며 여기까지 달려왔다. 열심히만 살아서는 안된다는 생각에 조금 더 똑똑하고, 어쩌면 영악한 방법을 찾아 부단히 노력했다. 그러나 세상은 소위 말하는 그런 '꿀팁'을 찾아 듣는 것은 마치 보물선을 찾으러 가는 여정 같았다. 나는 이런 정보의 바다에서도 '꿀팁'들을 제대로 찾지도, 얻지도 못했다. 모두가 그럴

싸한 말들로 포장할 뿐이었다. 결국 값진 '꿀팁'은 전부 내가 실제로 잃어보고, 닳아져 보고, 부딪혀본 경험들에서 얻었다. 경험은 쌓였는데, 내 몸은 이제 너덜너덜해졌다. 이제 더는 버틸 수 없을 것 같았다.

내가 어떻게 살아야 하는 줄도 모른 채 며칠 밤 마음 몸살을 앓았다. 그러자 날더러 '무리한다'고 말했던 사람들이 걱정스러운 목소리로 말했다.

"넌 너 자신에게 좀 더 관대해져도 될 것 같다."

나는 내 몸이 "마침내" 부서져본 뒤에야, 지난 날들을 되돌아보았다. 나도 나 자신에게 관대해져야 한다는 걸, 그리고 어쩌면 휴식이 필요한 시기라는 걸 알고 있었다. 하지만 솔직히 말해서 "휴식을 갖는 법"을 잘 몰랐다.

휴식을 갖는다는 건 어떤 마음일까?
단지 아무것도 하지 않고 누워있는 걸까?
어딘가로 여행을 떠나는 걸까?
밤새 좋아하는 것들을 하며 노는 것일까?

좋아하는 일이 직업이 되어버린 나에게는 참으로 어려운 문제였다.

아무것도 하지 않고 휴식을 취하면 도태될 것 같고, 내가 진심으로 좋아하는 다른 걸 상상해 본 적도 없었다.

적정한 휴식은 도약을 위한 준비

 자신에게 관대해진다는 건 어떤 의미일까? 그건 뒤로 밀려나는 것이 아닌 잠시 나와의 경쟁에서 멈추는 것. 단지 제자리에 앉아 물 한 모금 축이는 일이었다. 나에게 무척이나 엄격해서, 휴식조차 용납할 수 없었던 지난날들. 나의 영혼은 턱밑까지 숨에 차 더 이상 뛸 수조차 없는데, 정신은 보이지도 않는 결승선을 가리키며 자꾸만 등을 떠밀었다.

 그 누구도 나에게 '쉬지 않고 달려라'고 말하지 않았다. 휴식을 취하거나, 나 자신에게 관대해지라고 했다. 그 말을 듣지 않았던 건 나였다. 삶을 대하는 태도에 엄격하지 않을 것, 진정한 휴식을 주는 이는 '나' 말고는 없었다.

 단순히 침대 위를 뒹굴라거나, 다른 매체를 보며 하루를 보내는 것이 휴식인 것은 아니다. 목표를 향해 뛰고 있는 나의 영혼을 끌고 나와 심적인 안정을 주었을 때, 비로소 진정한 휴식이 될 수 있는 것이었다.

 마음도 체력도 지쳤을 때는, 내가 얼마나 열심히 달려왔는지를 돌아보자. 지쳐있다는 것은, 내가 그만큼 잘 살아왔다는 방증이니까. 인생은 단거리 질주가 아니다. 내가 사랑하는 일을 오래 하려면, 그만큼 심신의 체력도 받쳐주어야만 한다.

나를 내려놓을 용기

책장 사이에 낀 백지 하나가 감동을 주고
시구절 사이의 공백이 여운을 남기듯
쉼은 더 멀리 나아갈 힘을 길러주었다.

똑같은 인간이라 할지라도,
저마다 주어진 운명이 달랐고
내일이라는 편지지 위에 각자의 사연을 쓰며 살아왔다.

가슴을 뭉클하게 한 사연들은
가끔 삶이 고단할 때 꺼내 읽으면
버티며 살아갈 힘을 주었다.

사연을 적을 새 없이 내달려온 세상에는
자신의 작은 방 서랍에 낡은 일기장 하나 없어
내일에 대한 두려움과 현재의 자책만이
눈물처럼 맺혀 있었다.

쉼은
지난날 성실히 달려온 나 자신의 모습을 기억하는 시간이자
성취를 축하하며 자신에게 주는 보상이자
내일을 힘차게 나아갈 수 있는 동기였다.

언제 마주하게 될지 모를 미래의 나를 위해
과거의 열정과 현재의 수고를
애써 덮어버리고 살아오지는 않았는지

인간은 쉼을 갖고 살아야 한다는 신의 뜻을 거스르고
모든 욕심을 거머쥔 채, 단지 '할 수 있다'는 말로
운명에 대항하려 하지는 않았는지

모든 꿈을 이룰 것처럼 으스대는 욕심은
어쩌면 나 자신을 가장 빨리 망가뜨리는 감정일지도 모른다.

쉼없이 달려온 당신이 가장 먼저 가져야 할 용기는
'나를 내려놓을 용기'다.

미래를 지우는 연습
지친 체력, 깨끗하게 세탁하고 싶어요

 한때의 나는, 하고 싶은 걸로 가득 찬, 열정 많은 청년이었다. 잠에 들기 직전에도, 꿈속에서도, 일상을 살아가는 중에도 걸어 다니는 아이디어 뱅크로 핸드폰 메모장은 늘 쉴틈이 없었다. 이것도 해보고 싶고, 저것도 해보고 싶고, 늘 머릿속엔 도전하고 싶은 것, 새로운 목표들이 거품처럼 피어올랐다. 그래서 하루를 꼬박 뜬눈으로 보낸 날들이 부지기수였다. 다큐멘터리도 만들고 싶고, 글도 쓰고 싶고, 사람들도 만나고 싶은 욕심들이, 매일같이 떠오르는 꿈처럼 부풀었다. 거기에는 여러 가지 현실적인 제약들도 따라붙었다. 그래도 언제나 방법을 찾으려고 부단 애를 썼다. 조금 우회하더라도 이렇게도 해보고, 저렇게도 해보자. 정말 열심히 '방법'이라는 것에 대해 골몰했다. 내 몸과 영혼 따위 닳아지는 것쯤은 아무 상관도 없었다. 마모되어 삐걱거리는 몸과 마음에 '다 좋아질 거다'는 윤활제를 들이부었다.

 젊음은 정말 무한하지 않았다. 그걸 알았기에 그렇게 용쓰며 20대를 보내왔던 것일 테다. 대한민국에서 흔히 이야기하는 결혼과 출산, 가정에 대해 회의적인 생각을 가지고 있었던 탓이었을까. 나는 마치 서른에 죽을 것처럼 일하고, 꿈을 꿨다. 내 청춘은 20대에 끝날 거라고 생각하면서. 이제 서른부터는 누군가의 삶에 보태져서 살아야 하는, 이제는 더 이상 온전한 내 삶이 아닌 것처럼 느껴졌기 때문이었다.

 그렇게 서른을 맞이하던 날, 세상은 어김없이 카운트다운을 세었다. 삼, 이, 일, 해피 뉴 이얼! 텔레비전 속 사람들은 환호성을 질렀고, 너나 할 것 없이 박수를 치며 제야의 종소리를 들었다. 나는 새해가 넘어가던 그때도, 새해와 관련된 일기를 쓰고 있었다. 다음 해에 대한 목표를 또, 세우고 있던 것이었다.

 청춘이 무한하지 않은 것만큼, 중요한 사실이 있었다. 바로 넘겨짚어오던 내 몸이었다. 그 길고도 깊은 시간 동안, 나는 단 한 번도 나 자신을 들여다보지 못한 채 혹사시키며 살아왔다. 끼니도 제대로 먹지도 않은 채, 매일같이 날을 새며 카페인 섭취에만 연연했다.

 그때의 난 목표에 미쳐 있었다. 어차피 10년 뒤에 난 달라져 있을 테니까! 그런 안일한 안도감에 휩싸여 있으면서도, 아직 오지 않은 멋진 미래를 위해 내 몸을 갈아 넣었다. 서른부터 삐걱거리기 시작한 몸이, 서른한 살을 맞고 나서야 무너지기 시작했다. 주말이면 하루 종일 침대 위에 몸을 웅크린 채로 몸살을 앓아야 했다. 면역력이 약해져서 그렇다, 건강을 챙겨야 한다, 비타민을 먹어야 한다고 주변에서 수많은 잔소리를 했다. 나도 그걸 알았기에 서른에 들어서는 운동도 시작했고, 건강을 챙기기 시작했다. 그런데 이게 생각했던 것만큼 잘 나아지지 않았다. 10년 동안 쌓인 피로가 어찌 비타민 한 알로 가실 수 있겠는가.

 마음도 마찬가지였다. 10년 뒤의 멋진 내 모습을 생각하며 달려온 날들. 그때의 환상이 머잖아 현실로 다가올 거라는 기대는, 나를 더욱 미치게 만들었다. 정말 '미친' 사람처럼 살았다. 10년을, 한 번도 쉬지 않았다고 말할 수 있을 정도로. 누군가 나에게 "과거로 돌아가겠냐"라고 물어본다면 고개를 저으며 "다시는 과거로 돌아가고 싶지 않다"라고 말할 정도로. 그때만큼 미련하게 열심히 살 자신이 없다고 말할 정도로. 쉴 틈 없이 달려오기만 했던 시간의 끝에는, 끝없는 욕심과 성공에 대한 갈망, 돌이킬 수 없는 날들에 대한 아집과 환상을 현실로 이끌어오지 못했다는 자책만이 남았다. 분명 우회해서 돌아가도 괜찮을 거라고 생각했는데, 나에게 꿈은 너무나도 멀게만 느껴졌다.

 ─ 내가 잘하고 있는 걸까? 이 힘든 걸 언제까지 해야 하는 걸까? 모든 걸 다 놓고 도망가고 싶다.

 하지만 현실은 이제 모든 걸 쉽게 놓을 수 없을 지경으로 만들어 놓았다. 포기하는 것도 용기라고 했던가. 이제는 돌이킬 수 없을 만큼 멀리 와버렸다. 이걸 놓기에는 성공이 눈앞에 놓여있는 것만 같았다. 사람들은 나에게 '그래도 넌 다른 사람들보다는 몇 단계 더 높이 있는 것 같아'라고 말했지만, 나는 끊임없이 나와 같은 길을 걸으려는 사람들과 비교했다. 저 사람은 저렇게 짧은 시간에 성공했는데, 왜 나는 아직까지도 힘겹게 이 일을 반복하고만 있을까? 남들과 비교할수록 나는 점점 더 작아지고, 아무것도 해내지 못하는 사람이 되었다. 서른 즈음부터 시작된 마음이었다.

 십 년의 피로는 계속 축적되고 있었다. 그걸 한 번에 몰았으니, 몸이 아플 만도 했다. 몸이 아픈 요즘은 내 인생에 예고편이 있다면 얼마나 좋을까 생각하며 지냈다. 미래를 미리 알았더라면, 이렇게 아플 일도 없었을 텐데. 애초에 이런 선택을 하지 않았을 텐데.

인생을 새롭게 세탁할 수 있으면 좋겠다.
그럼 다시 태어나는 기분일까?

 내 인생에 한 번도 방향을 잃어본 적 없었다. 나는 늘 떠오르는 아이디어로 밤새 설렘에 가득 찬 채 잠에 들었던 청년이었다. 그런데 지금은? 방향을 완전히 잃어버렸다. 어떻게 살아야 하는지, 무엇을 목표로 살아야 하는지를, 나는 어떤 사람이 되어야 하는지를. 방향을 몰라서 길을 잃었고, 길을 잃어서 멈춰야 하는데 멈추지도 못한 채 조급하기만 했다.

뭐라도 해야 할 것 같은데, 뭘 해야 할 줄 몰라서. 10년 동안 꾸준히 뭔가를 해왔었는데, 갑자기 해야 할 일을 잃어버리니 내가 무척이나 멍청하게 느껴졌다. 나 갑자기 왜 이렇게 변해버렸지?

 나는 점점 더 깊은 심해로 빨려 들어갔고, 지독한 해일에 이리저리 쓸리고 부서졌다. 한 편으로는 살고 싶었으나, 또 한 편으론 죽고 싶었다. 빨래가 되고 싶었다. 새롭게 다시 태어나고 싶었다.

 나는 아직도 방향을 찾지 못한 채 방황하고 있다. 그러나 지금은 조금씩 미래를 지우는 연습을 하려 한다. 미래를 떠올려야 할수록, 그게 내 인생의 아주 중요한 숙제처럼 남아 내 어깨를 무겁게 짓누를 테니까. 지금은 흘러가는 시간에, 나에게 주어진 하루라는 시간 동안 행복해지려고 노력한다. 그래서 요즘은 문득 그런 생각이 든다. 심해에 빨려 들어가고 해일에 쓸려 다니면서 느꼈던 기분이, 사실은 빨래를 하는 과정이 아니었을까. 남들은 슬럼프라고 말하는, 혹은 우울증이라고 말하는 시기가 어쩌면 나에게는 다시 태어나는 과정이 아니었을까 하고.

 애석하게도, 나는 아직도 다시 태어나는 과정을 겪는 중이다. 새로운 나, 새로운 탄생의 고통 속에 남는 것은 지독한 인내뿐이었다. 인내의 시기 동안 나는 꾸준히 내가 하고 싶은 일들을 해나갈 것이다. 욕심부리지 않고, 미래를 꿈꾸지도 않고, 그저 오늘 하루 주어진 시간을 천천히 음미해보는 것. 미래가 불투명하게 느껴질 때, 삶의 방향을 잃어버렸을 때, 그때 내가 할 수 있는 유일한 방법이다.

사랑하는 방법

"노력해도 안 되면, 안 되는 거야."

 힘겹게 버티며 살아가던 시간, 나를 미련하게 바라보던 어떤 이는 혀를 차며 이런 말을 했다. 가끔 소수의 몇몇 사람들은 긍정적인 결과를 내놓지 못하면 실패한 삶이라는 말하는 듯했다. 선을 넘는 말들이 계속됐던 날, 나는 밤새 울었다. 한동안 사람들을 만나고 싶지 않았다. 성공한 결과물이 없어서, 내 인생이 실패한 인생이라고 느껴진 순간이었다.

 오히려 다시 태어나고 싶지 않았다. 삶에 대해선 무지했지만, 그렇다고 더 탐구하고 싶지도 않았다. 다른 어떤 동물이나, 곤충으로도 태어나고 싶지 않았다. 내가 모르는 또 하나의 삶의 생태계에서, 언제 죽을지도 모르는 먹이사슬 틈에서 두려움에 떤 채 살고 싶지 않았다. 모든 거품이 터져버리던 날이 그랬다.

> *"아무도 사랑하지 않아. 사랑할 힘이 없어."*

 어쩌면 사랑이 필요했을지도 모른다. 타인에게 기대거나 나를 사랑하거나…. 모든 상황이 내게는 벅찼으니까.

 세상에는 다양한 색깔의 사랑이 있었다. 그 사랑을 깨닫고 기댈 수 있다면 살아가는 데 조금 더 힘을 보탤 수 있었을까? 그러나 누군가에게 짐이 되어서는 안 된다는 이상한 강박 때문에 나는 타인에게 쉽게 기대지도 못했다. 한없이 모자라고 불쌍한 내 인생을 과연 누가 구원해줄까. 그러나 나는 구원을 바라지도 않았다. 너무 부끄러워서 자꾸만 숨고만 싶었다.

 누군가 내 인생의 어떤 부분이 부끄럽냐고 묻는다면, 나는 지금의 내 모습이라고 말했다. 꿈에 미쳐 살아가던 날들이 미련하게 보이다가도, 또 한 편으로는 그 시절을 그리워하기도 했으니까. 아무것도 모르고, 현실도 자각하지 않은 채 그저 꿈이라는 이상만을 좇던 그때를 말이다. 그땐 난 무슨 동력이 있어 그토록 꿈에 미쳐 살았던 걸까? 아무것도 이루지 못하면, 그동안의 노력이 허상이 될 텐데. 생각해보면, 나는 언젠가는 꼭 꿈을 이룰 수 있다고 생각했는지도 모른다. 언제나 꿈을 이룬 내 모습을 상상하곤 했으니까. 이룰 수 없는 꿈도, 위로를 건네는 사람들도, 삶을 경멸하는 지금 나 자체도…. 그래서 난 지금의 내가 부끄럽다. 거울 속 내 얼굴을 들여다보는 것도 힘겨워, 어떤 날은 눈물에 퉁퉁 불은 얼굴로 거울을 멍하니 응시하기도 했다. 참을 수 없이 비참해질 때는 두 손바닥에 얼굴을 묻고 또 한참 울기만 했다.

 모든 걸 깨닫고, 밑바닥까지 감정이 내려간 후 돌이켜본 지금 나는, 나에게 남아 있는 것이 하나도 없었다. 기력도, 체력도, 마음도 모두 상한 사과처럼 푸르게 멍들어 있었다. 이제는 눈물을 흘릴 힘도 남아있지 않았다. 아무 생각 없이 지냈고, 아무 의미 없는 시간을 보내기도 했다. 어떤 날은 살아 있는 것 자체가 무슨 의미가 있을까 싶기도 했다. 그래도 나는 살았다. 남들이 말하듯 죽지 못해 살았다.

 무언가를 이루기 위해 열심히 달려오기만 했다. 취업을 위해, 꿈을 위해, 다가올 말년을 위해, 나의 미래를 위해. 그러나 제대로 이룬 것 하나 없이 무너지기만 했던 목표들은, 끝내 나를 무너뜨렸다. 그동안 휴식을 취하는 방법을 몰랐다. 오히려 세상에 뒤처질까 두려워했다. 끊임없이 자신을 괴롭혔고, 목숨이 무한인 사람처럼 살았다. 내 영혼은 이미 죽어 쓰러져 있는데도, 일어나라며 심장 충격기로 아슬아슬하게 정신만을 연명했다. 그렇게 이어져온 내 정신력과 영혼이 완전히 끊어지게 되었다. 삐- 소리와 함께 아주 긴 줄을 늘어뜨렸다. 이제는 더 이상 열심히 살 수 없음을 직감했다. 그때 나는 아무것도 할 수 있는 게 없었다. 뭘 해야 하는 줄도 몰랐다.

"그냥 가만히 있었어. 뭘 해야할 지 몰라서."

 무기력한 하루를 그저 흘러 보낸 날들. 퇴근 후, 집에 오면 무언가를 할 생각도 하지 않았다. 그냥, 뭘 해야 할지 몰랐다. 그래서 하루 종일 잠만 자기도 했고, 밤새 의미 없이 게임을 하거나, 영상을 보기도 했다. 그래도 이따금 회의감이 들어 무릎에 얼굴을 파묻고 울기도 했다. 모든 게 의미가 없었다. 내가 할 수 있는 게 아무것도 없었다.

그렇게 얼마나 의미 없이 시간만을 흘려보냈을까. 일상이 되었던 무기력함은 점점 마음의 안정으로 바뀌었다. 계획을 세우지 않아도 괴롭지 않았다. 더 이상 취업에 연연하지도, 꿈을 좇지도, 말년을 준비하지도, 나의 미래를 생각하지 않았다. 그때그때 내가 하고 싶은 것들만 했다. 즉흥적으로 무언가가 먹고 싶으면 그렇게 했고, 여행을 떠나고 싶으면 떠났다. 원래 소비를 많이 하는 편이 아니었으므로, 버는 돈은 별다른 재테크 공부 없이 저축만 했다. 무표정으로 일어나 무표정으로 살아가고 무표정으로 잠들었다. 어느 순간 그 삶이, 평온이 되었다.

"아무것도 하지 않아도 괜찮았어.
무기력한 시간은, 내 삶을 도태되게 만든 것이 아닌
또다시 뛰어나갈 수 있는 힘을 모아주었어."

내 평생 꿈이라는 것이 생기지 않을 것 같았다. 미래가 불투명하게 느껴졌고, 삶은 무의미하게 느껴졌다. 무기력은 나에게 그런 의미였다. 그러나 시간이 조금 흐르고 나니 그게 나에게는 휴식기였다는 걸 깨닫게 되었다. 오히려 진지하게 내가 설정한 방향을 재정비하게 만들었다.

'내 선택에 무슨 오류가 있었지?'
'내 계획은 어떤 부분이 현실성이 없었던 걸까?'
'내가 너무나 조급하게 달려온 것은 아니었을까?'

핸드폰 다이어리를 썼던 내가 다이어리를 다시 수기로 쓰기 시작하면서, 천천히 나의 미래를 곱씹어보았다. 한자, 한자 꾹꾹 눌러가며 쓰기 시작한 활자들은 내 머릿속에서 조금 더 구체적이고 명확한 틀로 자리잡기 시작했다. 내가 정말 하고 싶었던 것은 무엇이었는지, 너무 환상에만 젖어있었던 것은 아니었는지.

'난 아무것도 할 수 없어', '난 무능한 사람이야'라는 생각은 나의 자존감을 아주 낮게 만들었지만, 또 한 편으로는 새롭게 시작할 수 있는 계기를 마련해주기도 했다. 내가 정말 하고 싶었던 것은 무엇이었나. 단지 유명한 사람이 되고 싶었던 걸까. 누군가에게 메시지를 던지는 사람이 되고 싶은 게 아니었나. 그러기 위해서는 내 몸을 뒤덮고 있던 꿈에 대한 환상이란 갑옷을 벗어던져야만 했다.

무기력의 시간, 자존감을 깎아내리는 악몽 같은 시간들은, 오히려 나를 가뿐하게 만들어주었다.

무기력의 터널을 지나 다시 여유를 가지고 주변을 돌아볼 수 있게 되었을 때 즈음, 나는 진정으로 나를 위해 위로를 건넨 이들의 목소리를 받아 들일 수 있었다. 내가 정말 하고 싶었던 일도, 나의 미래에 대한 강박을 내려놓게 되자 더는 욕심이 아니게 되었다. 진정으로 나의 꿈을 사랑하게 되었고, 나 자신을 응원하고 위로할 수 있게 되었다.

— 나는 대단한 사람인가?

— 아니, 난 평범한 사람이야. 대단하지도, 멋지지도 않아. 그냥 내가 하고 싶은 걸 하는 사람일 뿐이야.

단념하듯 무심하게 바라보는 나의 시선이, 오히려 꿈에 대해 집착하지 않고 즐기며 살아갈 수 있도록 했다.

"대단치 않아도 돼.
나는 그저, 내게 주어진 인생을 살아가는
평범한 사람일 뿐이야."

과정에는 정답이 없다

 때론 하기 싫은 일을 억지로 꾸역꾸역 해야만 하는 때가 있다. 어쩌면 한 때 내가 누구보다도 처절하게 사랑하기도 했던 꿈들은, 반복되는 여정 속에 조금씩 지겨운 과정으로 변해가고 있는지도 몰랐다. 분명 성공한 사람들은 열심히, 꾸준히 하면 된다고 했다. 하지만 이제는 그 '꾸준히'도 점점 지쳐갔다.
 열정 같은 건, 나이가 들어갈수록 그 뜨거움의 기간이 짧았다. 오히려 20대 때가 엉덩이가 더 무거웠다고 할까. 뭔가 하나를 끈덕지게 하려면, 그런 '끈기'가 있어야 했다. 일 년에도 몇십 개의 공모전에 투고하던 열정은, 지쳐간다는 핑계만으로도 쓰러지기에 충분했다. 지친다, 열심히 해도 안된다, 대체 언제까지 해야 하느냐, 는 원망 섞인 아우성만이 텅 빈 방 안에 소리 없는 고성으로 울려 퍼졌다. 내가 이만큼 꿈을 사랑하는데, 꿈은 나에게 아무것도 보답하지 않는다고 생각했다.

 돌이켜보면, 완전히 보답 없는 삶은 아니었다. 내 눈앞의 꿈이 너무 커서, 욕심이 거대해서 가볍게 짓눌려버린 성과들이었다. 행복은 멀리 있는 것이 아니라, 아주 가까이 있던 건데 나는 커다란 욕심만큼이나, 아주 위대한 사람이 되고 싶었다. 20살이라는, 삶의 연륜도 차지 않은 그 쪼그만 계집애가 말이다.

 세상은 요령 있게 살아가야 한다고, 부지런하고 성실한 사람이 아닌 똑똑한 사람만이 정상을 차지할 수 있다고들 했다. 나는 청개구리처럼 그 말의 반대로 살았다. 세상을 살아가는 데 정답은 없다는 나만의 일념 하나로, 나의 색깔을 찾아가겠다고 호언장담을 했다. 그래, 세상엔 정답 같은 건 없었다. 그러나 정답과 가까워질 수 있는 방식들이 있었다. 답을 빨리 찾을 수 있는 수학 공식이 있는 것처럼, 나는 세상이 만든 공식을 어느 정도는 따랐어야 했다. 그러나 그 공식을 무시한 채, 나만의 생각으로 문제를 풀려고 했다. 그러니 남들보다 더 돌아간다는 기분이 들었다.

 나는 이미 내 뜻대로 살아가는 인생에 지쳐버렸고, 꿈은 한풀 꺾였다. 이제는 어느 정도 세상과 타협할 줄 알았고, 내가 생각하는 나만의 세계에서 많이 벗어났다. 그러나 여전히 나만의 색깔을 고수하고 싶다는 게, 아직 내가 놓지 않은 신념 중 하나다. 세상이 만든 공식은 따라가지만, 절대 나는 잃지 말자고. 내가 가고자 하는 목적지는 잊어버리지 말자고, 끊임없이 다짐한다.

"할 일이 많아 답답하면, 하나씩 일을 해결하면 돼."
현실과 이상의 괴리 사이에서 나는 너무나도 쉽게 지쳐갔다. 이제는 균형을 잡으며, 올바른 선택과 집중을 하기에는 체력적으로나 정신적으로나 피로도가 많이 쌓여 있었다. 그러나 아주 간헐적으로라도 꾸준히 내 색을 칠하고, 끝까지 꿈을 놓지 않고 붙잡고 있다면 천천히 자라날 수 있을 거라 믿는다.

1. *무턱대고 열심히 하는 것이 아닌,*
   세상과 어느 정도 타협하며 요령껏 꿈을 찾아갈 것.
2. *포기하지 말 것.*
3. *해야 할 일이 많거나, 어떤 문제에 봉착했을 때는*
   그 일을 해결할 방법을 궁리할 것.
4. *하나씩 이뤄나갈 때마다 성장하는 나를 칭찬할 것.*
5. *지칠 때면 그동안 이뤄왔던 나의 성과들을 찾아보며*
   조금씩 이겨나갈 것.

과정에는 정답이 없다. 모든 과정은 그저 정답을 향해 나아가는 수많은 방법일뿐이다. 정답은 곧 목적지. 내가 목표하는 바가 정답이다. 그러니 내가 잘하고 있는지, 해답을 찾으려고 하지 말자. 이 모든 게 느리게 가느냐, 빠르게 가느냐, 끈기와 버팀의 과정일뿐이니까. 언젠가는 이룰 수 있다고, 해 뜰 날이 올 거라고. 차분하게 나 자신을 믿고 나아가는 일상을 만들자.

여유롭게, 적정하게

 절망을 사랑해야 하는 계절이 있다면, 그 계절은 아마 겨울이 아닐까? 한참을 울다 눈을 떴을 때, 창밖엔 뿌옇게 눈이 내리고 있었다. 새해라며 떠들어대던 뉴스, 보신각 타종을 울리는 스님, 두 눈을 반짝이며 바라보는 눈빛들. 새해를 대하는 마음은 저마다 다르겠지만, 어쩐지 나의 새해는 여느 새해들과는 달리 기세가 한풀 꺾인 느낌이었다.

 찬바람을 맞으며 길을 걸을 때 수많은 사람의 얼굴을 본다. 기분 좋게 통화하는 사람과 아무 생각 없이 서 있는 사람, 음악을 들으며 혼자만의 세상에 갇혀있는 사람, 고개를 숙이고 금방이라도 쓰러져버릴 것 같은 사람 등 다양한 사람들이 있다. 모두 저마다의 서사로 세상을 살아갔다. 나 또한 나만의 스토리로 세상을 살아가고 있을 터였다.

 나의 서사가 있다면, 난 어디쯤 흘러왔을까. 클라이맥스는

왔던 걸까? 화려한 전성기가 왔던 것 같지 않은데, 이상하게 금세 지쳐버리고 말았다. 어쩌면 애초에 서사랄 것도 없는 아주 단출하고, 심플한 이야기였을지도 모르겠다.

 자신은 죽기 살기로 살아가던 날들이, 악에 받쳐 어떻게든 이겨보겠다고 두 주먹을 불끈 쥐던 시간이, 타인이 보기에는 그리 대단치 않을 수 있다.

 고개를 삐딱하게 들고, 다시 길 건너편의 사람들을 바라본다. 금방 쓰러져버릴 것 같은 사람이 내 눈앞에 서 있다고 해서, 내가 그 사람의 영혼을 구원해 줄 수 있는 것은 아니다. 그건 나를 바라보는 다른 사람들도 마찬가지일 것이다. 한 사람의 인생에서 곁에 동반자는 있을 수 있지만, 그 길을 걸어가는 것은 오로지 자신의 몫이었다. 동반자는 그저 바라보는 것 그 이상도, 이하도 할 수 없었다. 우리가 무척이나 사랑하는 사람의 괴로운 광경을 마주하게 되더라도 그렇다. 피를 나눈 가족이라 할지라도, 자신의 인생을 대신 살아줄 수 없다. 자신의 인생을 변화시키는 것은 오직 나의 몫인 것이다.

~~~

아무도 내 삶을 대신 살아주지 않아.
운다고 해결되는 일은 없어.
그런데 어떤 날은 이 삶의 무게가
무척 벅찰 때가 있어.

울지 않으려고 있는 힘껏 참아왔건만, 이내 울음이 터져버린 새벽. 나는 그동안의 울분을 거침없이 토해냈다. 밤새 베개를 끌어안고 울다가, 이게 마음 몸살이라는 걸 문득 깨닫게 되었다. 울고 나면 모든 게 괜찮아질 거라는, 실없는 위로를 철석같이 믿었던 어린 날들. 우는 것 말고는 해답을 찾을 수 없던 지난날들은, 결국 울고 난 후에 완전히 다 타버린 성냥개비처럼 새까매져 있었다.

'*나는 그동안 무엇을 위해 열심히 살았나?*'
'*지난 삶이 덧없게 느껴져.*'

작가, PD, 출판사 대표, 영상 편집자, 기획자… 무언가가 되겠다고 '명사'로서 나의 꿈을 고정하고 다녔던 지난 시간은, 오히려 나의 병적인 완벽주의 기질을 더욱더 키웠다. 꾸준히, 열심히 하면 꿈에 더 가까워질 수 있다는 강박 때문에, 나는 아주 철저한 계획 속으로 나를 밀어 넣곤 했다. 조금이라도 틀어지면 좌절했고, 끊임없이 '명사'의 꿈에 집착했다. 그러다 결국, 단단할 것만 같았던 마음이 꺾여버리고 만 것이었다.

더는 새로운 것을 향해 흥미를 찾는 일도 지겨웠다. 울다 지쳐 쓰러진 체력은 다시 채워지지 않았고, 나는 언제나 그랬듯 나의 마음이 게으르다고 자책했다. 울면서 일했고, 울고 난 다음날 어김없이 스스로 채찍질을 가했다. 나는 나 자신에게 관대하지 않은 사람이었다.

다짐과 꿈, 계획이 꺾여지는 날들이 많아질수록 나는 점점 자책조차 넌더리가 나기 시작했다. 이제 더는 나 자신에게 상처 주는 일도 하고 싶지 않았다.

~~

무너지지 않겠다고 욕심을 내려놓던 날,
나는 한층 더 가벼워졌다.

 몸도 마음도 피폐해지던 어느 날, 나는 내가 쥐고 있던 목표를 전부 다 내던지기로 했다. 이러다가는 내가 상상하는 어떤 사람이 되기도 전에 망가져 버릴 것만 같았다. '명사'로서의 사람이 아닌, 그저 '나' 자체로 살아가 보기로 한 것이다.
 막상 목표를 다 내려놓자고 다짐하니, 그 순간엔 불안했다. 그동안 나의 인생은 목표를 만들고, 계획을 세우고, 그 계획에 따라 열심히 하루를 살아가던 날들이었다. 그런데 갑자기 목표를 없애자니 기분이 이상했다. 조금 불안하고, 또 우울해졌다. *'나 이렇게 살아도 될까?'* 이런 생각이 들었기 때문이었다.
 하지만 나는 마침내 목표를 내던졌다. 이제 더는 나 자신에게 채찍질을 가하지 않기로 다짐한 첫날, 시체처럼 쓰러져 하루 종일 잠만 잤다. 반나절 이상을 잔 것 같다. 그렇게 푹 자고 일어난 그다음 날, 천근만근 같던 몸이 한결 가벼워졌다. 머리는 여전히 '무언가를 해야 하지 않을까?' 하는 불안감이 상존했지만, 어쩐지 더 짙어진 열망으로 마음도 전보다 더 뜨거워졌다. 단지 하루 푹 쉬었다는 이유 때문이었다.

 나는 그동안 세상은 맞서 싸워야 하는 것처럼 살았다. 세상과 반대로 가야만 정답이라고, 이 세상에 나아갈 수 있는 길은 많다고 말이다. 그러나 세상엔 길이 없었다. 누군가가 걸어갔기 때문에 여러 갈래의 길처럼 보였지만, 실은 아주 거대한 운동장이었다. 운동장에서 나는 마음껏 이리저리 뛰어다니며 놀 수도 있었다. 그런 세상과 어찌 맞서 싸울 수 있을까. 그저 여유롭고 너른 마음으로 품어야만 하는 것을.

 울고 싶을 때는, 마음껏 울어도 상관없다. 하지만 중요한 건, 울고 난 다음이었다. 운동장을 한참 신나게 달리다가 넘어졌을 때, 넘어진 채로 그저 울고만 있을 것이냐, 아니면 무릎을 털고 다시 일어날 것이냐.

 울기만 해선 해결되지 않았다. 그러나 울거나 휴식을 취하고 나면, 무언갈 해결할 힘이 생겼다. 우리가 멀리뛰기를 하기 전에 제자리에 서서 발을 구르듯이, 그런 잠깐의 주춤거리는 도약의 순간이 있듯이…. 세상은 원래 그런 것이라는 것을 인정해 버리면, 앞으로 내가 살아갈 날들을 어떻게 현명하게 살아갈 수 있을지 깨달을 수 있게 되었다.

 마음이 힘들어 울고 난 다음에는, 바로 또다시 무언가를 하기 위해 애쓰지 않아도 됐다. 내 몸과 의지가 다시 일을 하고 싶어 한다고 할지라도, 마음이 완전히 회복되지 않는다면 금방 좌절해 빠지곤 했으니까.

잠시 쉬고 있다고 해서, 불성실하게 살아왔던 것이 아니다. 마음이 힘들었던 만큼, 하루 이틀 정도 여유를 두고 휴식을 취해도 괜찮다. 앞으로 몇십 년의 인생을 살아갈 텐데, 하루 이틀 쉬었다고 해서 삶이 멸망하지는 않는다.

이 순간, 가장 지쳐있고 힘든 사람이 누구인지를 생각해 보자. 타인에게 한없이 관대하기만 했던 인생, 힘들어 죽을 것 같은 지금 타이밍에 나 자신에게도 좀 더 상냥해져 보자. 이 잠깐의 휴식이, 앞으로 우리가 더 멀리 나아갈 힘을 실어줄 테니까.

세상은 횡단보도 맞은편에 선 사람에게
따뜻한 마음으로 위로를 건넬 만큼 상냥하지 않다.
나 자신에게라도 상냥하고 따뜻해야
이 세상을 좀 더 씩씩하게 살아낼 수 있지 않을까?

내 방식대로 살아가기

 울컥 치솟는 감정 앞에 잔잔한 파도를 꿈꾸며, 슬픔 속에서도 안정을 찾으려 했다. 그 고통스러운 인내와 고역스러운 삶 가운데서도 꿋꿋이 잘 버텨 왔다. 감정의 물살에 휩쓸리지도 않고, 반짝이는 별빛 아래 허황된 꿈을 꾸지도 않고. 그렇듯 삶이란 언제나 흔들릴 수밖에 없는 환경이었다. 흔들리는 세상 속에서 꿋꿋이 서 있어야 하는 것은, 이제 지겨울 정도로 많이 해왔다.

 언젠가 내가 다시 태어난다면 나무가 되고 싶었던 적이 있었다. 오래오래, 사랑하는 사람 곁에 변치 않는 버팀목이 되어줄 수 있으니까. 타들어가는 더위에는 날카로운 태양빛을 가려주고, 소나기가 쏟아지는 장마철엔 젖지 않게 해 줄 수 있으니까. 그러나 나에게 이제 '나무'로서의 환생은, 온전히 타인을 위한 삶을 위한 도구로서 사용되지 않게 되었다. 이제 다시는 어떤 생명체로 태어나고 싶지 않았다. 사람이 죽어 어둠이 된다면, 빛 한 줌 흡수하지 못할 아주 짙은 검은색이 된다면, 나는 그런 검은색이라도 되고 싶었다.

 새로운 꿈을 꾸고, 오래된 꿈을 쟁취해 가며, 그렇게 그 모습이 '나' 자신이 되었다고 굳게 믿었던 날들. 그러나 나는 그저 성공한 누군가의 삶을 흉내 내었을 뿐, 온전히 나의 인생을 살아내지 않았다. 지난날 나의 흔적들은 전부 그러했다. 누군가의 성공 스토리를 읽고, 듣고, 보고 따라 했다. 때론 타인의 건강한 삶을 동경하기도 했다. 그러나 그런 것은 끝내 태풍 아래 놓인 가녀린 나뭇가지처럼 쉽게 꺾이고 말았다. 의지는 그렇게 얄상한 마음가짐으로는 튼튼해지지 않았다. 깊은 마음에서 우러나와, 내가 진심으로 무언가를 행할 때에만 온전한 내 것으로 성취할 수 있었다.

 이제 나는 누군가를 따라 하지도, 타인의 성공스토리를 엿보지도 않는다. 그러나 그들의 목소리를 아예 외면하겠다는 것은 아니다. 내가 나의 길을 걸어갈 때, 타인의 의지는 '함께 같이 이겨나가 보자'는 결연을 함께 다지는 기분이었다. 외로운 인생 혼자 걸어가고 있다고 생각할 때, 모두가 다 고통스러운 인내 속에 영혼을 밀어 넣고 있다는 사실을 깨달으면, 조금은 덜 외롭게 되기도 했다. 그것만이 온전한 위로요, 나의 원동력이었다.

 한때 작가로서 누군가에게 "공감을 읽고, 마음을 쓰고 싶다"는 생각을 했다. 그건 내가 글 쓰는 목적이기도 했다. 그러나 그동안 내가 쓴 글들은 타인에게 행복을 주입하는, 주입식 행복이었다. 힘들 땐 쉬고, 열심히 할 땐 열심히 하라고. 그래서 어떤 날은 펜을 들기가 힘들기도 했다. '내가 뭐라고 남을 가르치나?' 하는 생각이 들었기 때문이었다.

요즘 책에 대한 생각은, 이제는 그런 주입식 행복이 아무런 소용이 없다는 것을 깨달았다는 점이다. 내가 다른 작가의 책을 읽을 때 어떤 점을 보고 공감을 얻는지, 거기서 내가 어떻게 깨닫는지를 생각해 보면, 그런 주입식 행복보다는 행복 자체의 모습을 보여주는 것이 더 좋겠다고 생각한 것이다.

"이렇게 살아보세요. 자, 따라 해봐요." 보다는 "내 방식대로 살아도 행복해요."를 보여주는 것.

거기서 보이는 나의 행복한 모습이 누군가에게는 진심으로 자극을 얻을 수 있는 계기가 되길.

내가 어떻게 살라고 방향을 제시하지 않아도, 각자의 인생은 각자가 더 잘 안다. 인생의 방향을 가르치는 글보다는, 내가 삶에서 깨달은 것들을 공유하는 글을 쓰는 것. 그렇게 생각하자 책 쓰기에 대한 부담이 조금 더 줄어들었다.

그래서 요즘 나에게는 새로운 삶의 숙제가 생겼다.

타인을 존경하되, 비교하지 말 것.
나 자신과 나의 인생,
나의 시간을 소중히 여기고 사랑할 것.
그리고 더 나아가 모든 면에서 건강해질 것.

운명에 대항하고 싶었던 마음

 그런 마음이 어디서, 어떻게 흘러 들어왔는지 모른다. 신에게 대항하고 싶은 마음. 깨끗하고 순수한 마음이 세상에 더럽혀져 간대도, 언제까지나 늘 한결같고 싶었던 순수함은 나중에 꽤나 작위적으로 변했다. 나는 순수를 꾸미며 살았다. 신은 어떤 것이든 영원해지지 않도록 설계해 두었는데, 나는 신에게 도전이라도 하듯 모든 것을 영원하게 만들고 싶었다. 열정이나 순수한 마음 따위의 것들을. 그래서 어느 순간엔, 조금씩 쇠퇴하기 시작한 내 모든 것들로부터 불안감을 느꼈다. 이러다 내가 죽게 될까 봐 겁이 났다.
 자연의 섭리에 순응하며 살아가는 것은, 단순히 겉모습에만 해당하는 것은 아니었다. 우리의 삶 속에서 가치관은 시시때때로 변했다. 어떤 이들은 한결같지 않다며 수군거릴 테지만, 정작 수군거리는 이들도 한결같지 않았다. 우리는 모두 다르지 않았다. 자연 속에 녹아들어 가는, 쇠퇴의 섭리를 깨닫지 못한 채 살아가는 어리석은 마음들 말이다.

 어떤 날은 평생 혼자 지내도 될 것 같다고, 그런 아둔한 마음으로 누군가를 애써 밀어내기만 하는 날들이 있었다. 그러나 그런 마음에도 새로운 사랑이 찾아오곤 했고, 나의 가치관은 견고한 벽이 아님을 깨닫게 되었다. 모든 것이 허물어졌을 때야 비로소 안정감을 느꼈다. 가치관이라는 벽 주변에 둘러 서서 창을 들고 팽팽하게 대립하지 않아도, 자연이라는 것은 늘 열려 있었다. 단지 내 마음이 그걸 받아들이지 못했을 뿐이었다.

 모든 것을 받아들이는 마음이란, 밤새 폭풍처럼 울부짖었던 슬픔 뒤에 찾아오는 개운함 같은 것이었다. 이제는 사람들이 내게 한결같지 않다고 손가락질해도 마음이 아무렇지 않았다. 우리는 어차피 모두 변형되며 살아가는 삶이니까. 단지 그것을 깨닫지 못했을 뿐이니까. 그런 마음이 들 때면 안타까움보다는 마음이 훨씬 더 평온해지곤 했다. 저 아득히 심해로 빨려 들어가는, 이제 더는 무겁고 답답한 심해가 아닌 마음에 안정을 찾은 평온의 심해 속에 잠기는 기분이었다.

 그런 애쓰는 마음과 열정 같은 것은 자연히 닳아 없어지는 것이니, 무언가를 이루기 위해 애쓰지 않아도 된다고. 정답이라고 생각했던 인생은 얼마든지 뒤틀릴 수 있는 것이라고. 열심히 무언가를 해야 할 때는 하고, 쉬어야 할 땐 쉬고, 무기력할 땐 무기력해도 된다고. 모든 인생을 통제하려 들지 말자고.

 이제는 애써 되뇌지 않아도, 내 영혼 전체에 평화로 깃든 마음이 하얀 파도처럼 어루만져 주었다. 순수한 마음이라는 것은, 20대의 청춘을 고스란히 간직하는 것이 아니었다. 나이가 먹어가면, 그 나이에 맞게 살아가는 것. 영원한 청춘을 꿈꾸지 않는 것. 있는 그대로 나를 내버려 두는 것. 어쩌면 이런 순응이, 신이 내려다보았을 때 그저 인간의 순수한 삶이 아닐까. 모든 것을 내려놓고 나서야, 비로소 나는 평안해졌다.

행복해지기 위해 집착하지 말자

 나는 가끔, '이런 어지러운 세상 속에서 희망을 노래한들 삶이 변할 수 있을까?' 생각하곤 했다. 내가 생각하는 문학인이란, 읽는 즐거움을 넘어 무언가 전달하고자 하는 메시지를 담아내야 한다고 생각했다.

 꾸준한 도전과 한결같은 실패에도 굴복하지 않고 꿋꿋하게 세상과 맞설 수 있었던 건, 다년간의 노력으로 쌓아 올린 습관 덕분이었다. 세상은 실패를 품으라고 했지만, 어떤 이가 실패를 기꺼이 안을 수 있겠는가. 나는 단순히 그것들을 방생하기로 했다. 성공을 쫓으려 한다던가, 실패에서 벗어나기 위해 발버둥 치기 위한 것이야 말로 오히려 욕심에 빨려 들어가는 모양이 되었으니 말이다.

'그래, 마음 놓고 편하게 좀 살아보자.'

 열정이라는 것들이 욕심인 줄 알고, 스스로 되뇌며 마음을 다스렸다. 욕심부리지 말자, 여기까지만 하자. 하지만 마음을 놓고 살아야 한다고 되뇌는 것조차 나중에는 집착이 되었다. 나는 평온해지기 위해 끊임없이 자기 주문을 외웠고, 결과적으로는 평온함을 찾을 수 없었다. 모든 것들이 의식적인 순서였다. 쉬고 싶을 때 쉬고, 일해야 할 때 일을 하는 것이 아니라, 모든 순간들이 나에게는 불안함으로 작용했다. 왜 나는 스스로 행복해질 수 없나, 왜 끊임없이 자신을 괴롭혀야만 하나, 왜 무언가를 하지 않으면 이렇게 불안할까, 생각만 깊어졌다.

 어떤 순간에, 어떤 계기로 마음이 탁 놓였다고 말할 수는 없겠다. 아주 큰 번아웃을 겪고 난 이후, 이제 정말 불행으로부터 달아나고 싶었다. 나는 여전히 일을 사랑했고, 또 부지런히 일을 증오했다. 그 어지러운 심경 사이에서 나는 도망치려는 시도조차 하지 않게 되었다. 집착에서 서서히 멀어지기 시작했다. 불행과 행복을 논하는 것 자체에 신물이 나버린 탓이었다. 하면 하고, 하지 않으면 하지 않고. 그냥 뭐, 될 대로 되라지. 그래도 사람이 천성이 있는지라, 때론 흘러가는 대로 살아지지 않기도 했다. 내가 불안한 마음이 들 때면 어떤 콘텐츠를 만들거나 업로드했던 날짜를 찾아보았다. 콘텐츠를 게시한 지 고작 하루 이틀밖에 되지 않은 것을 확인하고 나면, 나는 마음이 한결 편안해졌다. '이제 겨우 하루 지났을 뿐이야'라고 생각하게 되었다.

 중요한 건, 놓치지 않는 꾸준함이었다. 다년간 쌓아 올린 꾸준함과 성실함이 며칠의 게으름 때문에 무너질 수는 없다. 잠시 방황은 할 수 있다. 그러나 인간은 자석의 자성처럼 다시 되돌아오곤 했다. 다시 그 성질대로 살려는 습성이 있다.

이제 나는 더는 예전처럼 '병'적으로 나 자신에게 주문을 외지 않는다. 조급하게 살지 말라는 둥, 욕심을 내려놓으라는 둥. 시간이 아무 이유 없이 흘러가는 것처럼, 내 인생도 멋들어진 어떤 의미를 부여하지 않았다. 흘러가는 대로 살아간다는 것은, 호수 위에 띄운 낙엽처럼 평온한 것이었다.

내가 쓰는 글에 어떤 커다란 메시지를 담아야 한다고 집착했던 적이 있었다. 사회에서 벌어지는 여러 현상들과 역사적인 내용들을 담아야 한다고 말이다. 그런데 다시 생각해 보니, 오히려 전체를 담으려다가 지금 당장 내 눈앞에 벌어진 것들을 놓치고 있었다. '지금 내가 말하는 여러 생각들과 감정도 누군가에게는 고민거리로 작용되지 않을까?' 세상의 고민이 쌓여 오늘날 사회의 형태가 되었을 텐데, 나는 늘 나무가 아닌 숲을 보려고 했던 것 같다. 글을 쓸 땐 인간의 내면도 보살펴야 한다는 것을, 궁극적으로는 사람인 나도 누군가의 고민거리와 비슷할 수 있다는 것을 깨닫게 된 것이다. 내가 관심 있게 보는 것들, 내가 즐겁게 만드는 것들은, 타인도 즐거워할 수 있다는 걸. 고통 속에서 피어난 작품이 찬사를 받는 이유는, 작품을 만드는 이의 마음과 정성이 들어갔기 때문이 아닐까. 그럼 우선 내가 즐거워 써야 한다는 생각이 든 것이다. 사회의 전체적은 모습을 담기 위해 억지로 짜낸 감정이 아니라, 진심으로 내 마음에서 우러나와 쓴 글들 쓰고 콘텐츠를 만들어나가기로 했다.

 모든 것들이 내 내면에 대한 기록이 될 수 있도록. 나의 우주를 여러 가지 콘텐츠로 잘 담아낼 수 있도록 하는 것. 찰나의 생각들을 기록해 나가는 과정이라는 생각이 들자, 더는 행복과 불행에 대한 양면으로 내 삶을 바라보지 않게 되었다.

눈물 냄새

 우리는 마치 영원히 살 것처럼 굴었지만, 끝은 언제나 알 수 없는 것이었다. 영원히 살 것처럼 굴었기 때문에 하루하루 마주하는 우리의 일상은 무척이나 가벼운 것들이 되었다. 어차피 오늘을 놓치면 내일이 올 테니까. 내일이 "반드시" 올 테니까. 잠을 자고 눈을 뜨면 다음날이 올 거라는 걸 학습한 우리들은, 그렇게 당연하게도 하루의 감사함을 잊고 살아갔다.

 세상은 온통 가짜 투성이었다. 사람들은 꾸며지고 화려한 것에 열광했다. 그러나 때로는 화려함의 뒤편에 가려진 어두운 모습도 알고 싶어 했다. 그 우울을 깨닫게 되면 사람들이 곁에 있을까? 아니, 모두가 다 도망가버리고 말 것들이었다.

 때로 어떤 사람들은 진짜에 열광하기도 했지만, 진짜 뒤에 아무것도 없다는 것을 깨닫는 순간 사람에 대한 흥미를 잃어버렸다. 예전에는 뭉근하게 피어올랐던 호기심들이, 요즘은 너무나도 빠르게 소진됐다. 조금만 찾아봐도 알 수 있는 그 사람의 신상, 몇 마디 대화만으로 속단하는 그 사람의 속내, 착각이 불러일으킨 오만함 따위의 것들이 세상의 수많은 관계를 오염시켰다. 인간관계는 바람처럼 스쳐 지나갔고, 자신이 머무는 하루라는 시간에도 오래 머물러있지 못했다.

 반복된 생활 때문이라고 자신의 삶을 한탄하거나 원망하는 이도 있겠지만, 그런 속에서도 우리는 광명을 찾아야만 한다. 반복된 삶 속에서도 우리의 마음에 환풍구 하나만 달아둔다면, 우리들의 마음에는 눈물냄새가 나지 않게 되리라. 명상이나 일기 쓰기 같은 것도 좋고, 몇 분 간만 투자하면 되는 가벼운 스트레칭도 좋았다. 사람들은 자신의 마음을 돌보는 데에 인색했다. 자신의 삶인데, 자신을 돌아보지 않았다.

 왜 사람들은 내면을 들여다보지 않을까? 왜 겉모습에만 치장할까? 왜 가짜로 진짜 자신을 꽁꽁 싸맬까? 생각해 보면, 타인의 시선과 사랑을 받기 위해 살아왔을 뿐, 진정으로 나 자신을 사랑했던 적은 없었다. 내가 진심으로 무엇을 하고 싶은지, 어떤 것을 할 때 가장 행복한지, 혹은 자신에 대한 편견에 사로잡혀 '난 할 수 없을 거야'라고 되뇌고 있진 않은지. 가끔이 아니라 꽤나 자주, 자신의 마음에서 눈물 찐내가 나지 않는지 보살필 필요가 있다.

비틀려 여위기 전까지

 삭막해져 가는 삶이 마치 타들어가는 자연과 닮은 것 같다. 한 사람만의 문제가 아니라, 모두가 노력해야만 겨우 고칠 수 있는 세상. 뜨거워지는 지구처럼, 우리의 삶도 점차 과열되어 갔고, 사람들은 자신의 마음에 몇 개의 대문을 세워 걸어 잠그기 시작했다. 메말라 가녀리게 쓰러진 마음을 잡아 이끄는 운명에도, 신을 믿으며 더 나은 삶이 오리라 믿는 자들의 소망에도, 세상의 뜨거운 훈김은 모든 이의 간절한 마음을 말려 죽여갔다.

 비틀려 여위기 직전까지, 수많은 이는 희망을 노래했다. 긍정적인 희망과 끝없이 펼쳐진 절망은 수평선처럼 넓게 누워 가로 섞이지 않음에도, 우리는 어쩔 수 없이 두 감정을 끌어안고 살아가야만 했다. 희망을 노래하지 않으면 지옥이라는 바다에 빨려 들어갈 것만 같았으므로. 우리에게 희망은 공기가 빵빵하게 채워진 튜브이자, 위치를 찍어둔 부표이자, 삶의 마지막 자존심이었다. 희망이 꺾이는 날엔 더 이상 사는 것 자체가 무의미하게 느껴지기도 했다.

과열된 세상에 살아간다는 것은, 어쩌면 이미 희망을 증발시킨 채 살아가는 것일지도 모르겠다. 사람들이 과거에 집착하고 향수에 빠져드는 것은, 과거가 더 행복하게 보이기 때문이리라. 옛적 같으면 그런 향수에 빠지지 마라고 스스로를 다그쳤을 테지만, 어쩐지 요즘은 진심으로 과거가 더 행복하게 보이기도 했다. 삶은 왜 이토록 살아가면 살아갈수록 더욱더 각박하게 느껴지는 걸까? 왜 세상은 점점 타인들의 집요한 감정으로 과열되고 부글부글 끓어가는 걸까? 문제점을 미리 알았더라면, 불편하고 꺼림칙한 것들을 피하며 좀 더 나은 세상에서 살 수 있었을까?

~~

'예, 아니요'의 선택은, '천국, 지옥'의 극단적인 결과가 아닌 '좀 더 나은' 결과를 택하는 것이라고 생각한다. 어떤 선택을 하든지 반드시 '리스크'는 존재한다고 말이다. 내가 감당할 수 있는 리스크인지를 생각하고, 거기서 더 나은 선택을 하는 것. 어쩌면 두 가지 선택지 모두 가치 있는 선택이 아닐 수도 있다. 그러나 우리는 끊임없이 선택을 하며 나아간다. 비틀려 야위기 직전까지 선택을 후회하고, 또 그 순간

마저 선택의 기로에 서있기도 한다.

 세월이 흐를수록 세상은 점점 더 뜨겁게 과열되어 가고, 사람들의 마음은 더욱더 편협해져 가며, 타인을 이해하려는 마음조차 얇게 짓눌리게 되었다. 그런 세상에서 우리는 어떻게 하면 상처받지 않을지 고민하기보다, 상처를 받아도 당당하게 일어날 수 있는 방법을 고민해야 한다. 이를 테면, 마음의 체력을 단련하는 방법 같은 것 말이다. 우리는 비틀려 여위어 가고, 세상은 감정을 바짝 말리다 못해 영혼까지 메말려 놓고 말 테니까. 이제 따뜻한 말 한마디로 감성을 배불릴 수 있는 순간은 다시 오지 않는 것일까? 그런 감성적인 생각에 사로잡힌들, 문제는 해결되지 않고 세상은 여전히 뜨겁다. 이런 세상에서 우리는 끊임없이 선택의 기로에 설 테고, 끊임없이 과거를 후회하며, 수많은 상처와 마주하며 살아가게 될 테다.

 그러니 상처받을 것에 두려워하지 말자. 이제 상처받는 일은 너무나 당연해졌으니까. 이제 우리는 어찌하면 숱한 상처와 아픔에도 당당히 일어날 수 있을지, 그것에 대해 진지하게 고민해보아야 한다. 비틀려 야위어가기 직전까지도 미련 없이 선택하고 앞으로 나아갈 수 있는, 그런 당찬 발걸음을 내딛는 방법에 대하여….

단념하듯 무심하게

지속적인 고백에도 마음은 늘 뻐근했다

상처 없는 세상이라고 굳게 믿었던 적이 있었다. 그러나 그때는 나이 든 어른의 흉터를 제대로 들여다보지 않았다.

"네가 하는 모든 것들이 잘 될 거야."

어른들의 달콤한 조언과 응원만 쏙쏙 집어 먹고 싶었다. 그런 믿음은 20대를 흘러갈수록 나름 견고해져 갔지만, 나는 그때마다 나의 어른들이 자신의 흉터를 숨기고 있는 줄은 몰랐다. 오히려 어른들은 나에게 더 아름다운 현실을 보라고 했다. 도전과 꿈을 열렬히 응원하고, 자신의 젊은 과거를 회상하며, 지금의 나를 더없이 부러워했다.

그와 다른 어떤 어른들은 흉터와 피딱지로 난장판이 된 자신의 살갗을 드러내 보이기도 했다. 이상을 좇는 일은 그저 현실을 외면하고 도망치는 일밖에 되지 않는다고 말이다. 현실을 외면하면 나중에는 남는 게 하나도 없다고 했다. 그들은 오히려 지나치게 차가운 현실과 마주해 살았던 어른으로서, 진심으로 내가 현실에게 상처받지 않기를 바랐다. 그러니 애써 차가운 현실을 따뜻하게 포장하지 않았다.

수많은 어른들의 목소리 사이에서 갈팡질팡했지만, 나는 오히려 나에게 긍정적인 응원을 내미는 어른을 더 좋아했다. 어쩌면 나는, 나에게 다가올 미래가 그저 달콤하기를 바랐기 때문인지도 모른다. 또는, 부정할 수 없는 현실을 그저 외면하고 싶었는지도 모른다. "어려울 거야, 힘들 거야, 넌 못할 거야." 그런 말들은 되려, 앞서 나가기로 한 내 마음에 걸림돌이 될 거라고 생각했다. 계속 좋은 말들만 듣고 싶었다. "잘 될 거야, 할 수 있을 거야, 힘내." 그런 말들이 꿈을 향해 좇아가는 나에게 커다란 힘이자 원동력이 된다고 생각했다.

현실의 시계는 정확했고, 응원은 결국 물러 터졌다

그러나 현실과 이상은 양날의 검처럼 정확하게 떨어졌다. 내가 어른들의 현실적인 목소리를 외면했던 것은 실패를 미리 알고 있었기 때문이 아니라, 마주하고 싶지 않은 것은 아니었을까?

생각해 보면 모든 순간 미움의 연속이었다. 나의 사랑은 원망 속에서 피어났다. 애증이라고 해야 할까, 글쎄, 증오가 더 깊었는지도 모르겠다. 나는 길을 잃고 헤매는 이들과 달리 꿈이 있었고 목표가 있었다. 날 죽도록 미워하던 시절에는,

나는 그게 나를 미워하는 순간인 줄 몰랐다. 나의 꿈이 있었기에 나를 사랑했다고 착각했는지도 모른다. 사실은 나를 사랑했던 게 아니라, 나의 먼 미래의 꿈을 사랑했던 것이었는데.

열심히 살았지만, 그것은 오직 열등감일 뿐이었다. 열등감에 사로잡혀 끊임없이 성공한 이와 나를 비교했다. 속에는 남모를 거부감도 들어, 도망치고 싶은 생각이 들기도 했다. 빈 껍데기 같은 성공은 하고 싶지 않았다. 그렇다고 내가 구체적으로 어떤 성공을 이루겠다고 뚜렷하게 생각해 본 적도 없었다. 항상 단어로 정의할 수 있는 꿈을 꿨지만, 그 과정이나 내용은 텅 비어 있었다. 베스트셀러 작가가 되겠다거나 하는 것 말이다. 나는 어쩌면 세상에 어떤 메시지를 던지는 사람이 되고 싶었던 게 아니라, 그저 성공만을 바란 작가가 되고 싶었는지도 모르겠다.

내가 부정적인 말을 내뱉는 어른들의 목소리를 피해 다녔던 건, 결국 나 자신에 대한 확신이 없었기 때문이었다. 내가 나 자신을 믿지 못했기 때문에, 실패를 두려워한 것이다. "나니까, 당연히 해낼 수 있어!"와 같은 당찬 포부와 자신감이 없었다는 소리였다. 주변의 부정적인 반응과 들쭉날쭉하는 숫자, 순위, 매출 같은 것들에 나의 마음은 바람 앞에 놓인 등불처럼 이리저리 흔들렸다. 그렇다 한들, 내가 하기로 한 것들을 전부 놓고 싶지는 않았다. 그렇게 울며 겨자 먹기로, 꾸역꾸역 내가 벌려놓은 것들과 벌리기 직전의 일들을 해나가기 시작했다. 사람들은 그걸 보고 "너만의 인생을 사는 모습이 멋있다"고 말했지만, 나에게는 그저 사랑하는 이들의 응원에 대한 부담감과 벌려놓은 일에 대한 책임감으로 기계처럼 움직이는 것일 뿐이었다.

생각해 보면, 내가 진심으로 나를 사랑했더라면, 상황은 많이 달라져 있었지 않았을까. '잘 될 거야', 의무적으로 내뱉는 혼잣말이 아닌 나 스스로를 진심으로 믿는 확언을 내뱉었다면, 마음가짐은 훨씬 더 가벼웠을 테다. 상황이 크게 달라지지 않았더라도 말이다.

미래를 좇아가는 게 아니라, 나를 좀 더 좋아해 보기로 한다

결국 위태롭게 쌓여가던 부담감이라는 무거운 마음이 와르르 무너져버린 순간, 나는 이불속에 숨어 몇 날 며칠을 꼼짝없이 울어댔다. 얼굴은 눈물에 불어 퉁퉁 붓고, 마음은 점점 더 무겁게 가라앉기 시작했다. 증상을 찾아보니 번아웃 혹은 우울증이라고 하더라. 나는 끊임없이 나 자신을 비난하고, 깎아내리고, 갉아먹었다. 조금만 더 힘내서 했으면 됐을 걸, 연약해 빠진 나를 죽일 듯이 미워했다. 나 자신이 말라죽어가기 직전까지 스스로 증오하고, 벼랑 끝까지 내몰아갔다.

그랬던 내가 어떻게 번아웃을 극복했는지는 정확히 기억나지 않는다. 옷소매가 물들듯, 서서히 나아졌던 것 같다. 커다란 번아웃은 나의 성향과 성격 자체를 완전히 바꾸어 놓았다. 이제 더는 긍정적이고 확신에 찬 응원을 들으려 사람들을 만나지 않았고, 혼자서도 마음을 다스리는 시간을 가지는 것을 더 좋아했다. 지독하게 혼자 있어본 결과였다.

나를 사랑하는 빛으로 마음을 가득 채운다면, 삶은 어떻게 변할까? 나는 그동안 보이지 않는 나의 미래와 꿈에 대해서는 마치 어린아이가 비눗방울을 바라보는 것처럼 그저 찬란하고 아름답게만 보았다. 누구에게나 소중한 것들이 있듯, 나에게 소중한 것은 '지금의 내 모습'이 아니라 '꿈'이었다. 톡, 하고 터질 것만 같았던 희망, 다가오지 않은 행복을 그리는 것은 마치 내가 꿈을 다 이룬 것처럼 가슴을 벅차게 만들곤 했다.

그러나 그건 어떻게 보면, '나'를 사랑하는 모습이 아니었다. 다가올 나의 '미래', '먼 미래의 나의 세상' 즉 '미래의 나'를 사랑하는 것일 뿐이었다. 꿈과 미래는 내가 지금 어떻게 살아가고 선택하느냐에 따라 변형되고 달라질 수 있었다. 그러나 나는 현실의 내 모습을 직면하고 마주하기보다는, 다가올 미래만을 생각하며 쫓아갔었다. 지금의 나는 어떻게 되든 상관없다는 듯이. 엉망진창, 얼렁뚱땅, 조급한 마음으로.

이제부터라도 지금의 나를 사랑하기로 한다. 결국 오늘날의 내가 쌓여야 미래의 내 모습이 될 테니까. 이제 나는 미래의 내가 어떤 모습이 되겠다고 정확히 설정하지 않는다. 그건 신이 아닌 이상 그 누구도 나의 미래를 미리 예측할 수는 없다. 사람이기 때문에 그런 것이다. 신의 영역이라고 생각하니, 나는 조금 더 오늘날을 살아가는 것에 더 충실하게 되었다. 번아웃을 극복하게 된 계기도, 그것을 깨달아가던 즈음이었을 테다. 지독한 1년간의 번아웃을 겪고, 우울감을 회복하는데 꼬박 반년이라는 시간이 걸린듯하다. 나는 아직도 서서히 회복되는 중이다. 그러나 번아웃을 겪기 이전의 나와는 전혀 다른 느낌이다. 한결 더 가벼워졌다. 꿈라는 거대한 미래를 사랑하는 것이 아니라, 오직 현재의 나를 사랑하는 일. '나' 자신을 사랑하는 일이 이토록 행복한 일이라는 걸, 지금이라도 깨달을 수 있게 되어 정말 감사하다.

하는 일마다 실패하고, 잘 안 되는 것 같다는 기분이 들 때는 나를 한 번 멀리 떨어뜨려놓고 생각해 보자. 오히려 단 한 가지 미래와 목표만을 바라보다가 놓치고 있었던 것은 없었는지, 내 마음에 너무나 편협해져 있던 것은 아닌지 말이다.

내가 좋아하는 색으로, 나 자신을 색칠하는 과정

나를 사랑하기 위해서는 단어로 정의할 수 있는 목표를 내리기보다는, 그 과정에 충실해야만 했다. 과정 중에서 내가 나의 모습을 어떻게 그려나가고 싶은지 고민해야 했다. 타인의 완성된 그림만을 보며, 어떻게 색칠해야 하는지만 고민했다. 정작 나 자신이 어떤 색깔로 칠하고 싶은지는 안중에도 없고 말이다.

누군가가 성공했다는 루트를 따라가다 보면 나의 색깔을 잃어버릴 수밖에 없었다. 그러나 나는 성공을 바랐기 때문에, 심지어는 그냥 성공이 아니라 화려하고 멋진 사람이 되고 싶었기 때문에 타인의 화려한 색깔만을 생각했다. 나 자체로 반짝거릴 수 있는 방법을 저버린 것이다.

 나 자신을 사랑하는 방법은, 내가 진심으로 어떤 색깔로 인생을 칠하고 싶은 건지를 고민하는 것이다. 열등감에 사로잡힌 사람들은 나의 색깔을 찾는 일을 등한시한다. 정말 중요한 것이 무엇인가? 성공한 사람의 이야기를 듣는 것만으로 그쳐서도 안되고, 그들의 성공스토리를 마음껏 헐뜯고 폄해해서도 안된다. 그들은 그들이 칠하고 싶은 색깔대로 칠했던 것이다.

 나는 어떤 색깔로 나의 인생을 그려나가고 싶은가? 생각해보면 하루하루를 무척이나 허무하게 보내왔던 것 같다. 인생은 내가 하루에 어떤 삶을 살았느냐에 따라 색깔이 변할 수 있었다. 나는 오늘 하루도 열심히 살았는가? 꿈을 이루기 위해 어떤 노력을 했는가? 그 꿈이 성공한 사람들과는 다른 나만의 스토리가 담겨 있는가? 성공을 사랑하기 이전에 나의 인생을 사랑하자. 나를 진심으로 사랑하기 시작했을 때, 나의 하루에 주어진 시간도 소중히, 그리고 값지게 쓸 수 있게 된다.

아프지 않게 넘어지기

 나태함의 유혹은 울음을 닮아서 긴 여운을 남긴다. 너무 많은 날을 울면, 많은 날을 흘려보낸 만큼 지치게 되는 것처럼, 나태함에 취하면 아주 오랫동안 아프다. 내가 원래 하고자 했던 것을 할 수 없을 만큼, 너무 오래 몸살을 앓는다.

 올바른 삶에 대해 하늘에 물어도 답이 돌아오지 않듯, 답은 늘 마음에 있었다. 어떻게 걸어가야 하는지, 왜 흔들리지 않기 위해 애써야 하는 지를 이미 머리로는 이해하고 있는 것이다. 방향을 아는데, 그저 그 방향대로만 걸어가면 되는데, 왜 우리는 걸핏하면 삐끗거리고 넘어질까? 한두 번 넘어져 본 것도 아닌데, 이젠 잘 걸을 수 있을 것 같은데…

 쓰디쓴 인내를 견딜 수 있을 만큼 달달한 결과가 확실히 보장된다면, 누구든 인내하고 버텨낼 수 있었을 것이다. 십 분만 기다리면 눈앞에 둔 초콜릿을 먹을 수 있다는 엄마의 말을 믿는 어린 아이처럼, 그런 일방적인 순수함을 지켜낼 수는 없을까? 어떤 유혹에도 넘어가지 않을 단단한 마음은 어떻게 가질 수 있는 걸까? 그럴 때 나는 지금 내가 게으르고 나태해지려 할 때마다, 내가 망각했던 한 가지를 떠올린다. 나는 사실 아주 '나약한 사람'이라는 걸.

 한때 나는 흔들림 없이 자신의 가치관으로 삶을 살아가는 사람들을 보며, 나도 저렇게 살고 싶다는 생각을 했었다. 어떻게 저들은 자신의 계획과 다짐을 밀어붙이며 살아가는 걸까? 생각해 보면 그 안에는 '확신'이라는 게 있었다. 흔들림 없이 걸어가는 이들의 내면이 얼마나 불안할지는 모르지만, 그들은 흔들리면서도 부지런히 앞만 보며 걸어가고 있었다. 그건, 목표에 대한 확신, 반드시 달콤한 초콜릿을 입 안에 넣고 말겠다는 완전한 믿음이 있었기에 가능했던 것이다.

 마음으로는 걱정이 아닌 고민을 해야 한다고 생각했지만, 나의 세상에서는 단순히 '걱정'을 지워낼 순 없었다. 고민을 하면 걱정이 따라왔고, 걱정을 하면 늘 불안했다. 그렇게 불안하기 시작하면, 확신을 가지고 살아가는 이들을 바라볼 수밖에 없었다. 나는 나의 선택과 계획에 아주 많은 시간을 할애하는 사람이었다. 여러 가지 계획을 세우고, 시뮬레이션을 그려보고, 끊임없이 깊게 생각하는 편이었다. 그런 쓸데없는 생각을 왜 하느냐, 싶을 정도로. 선택을 할 수 있다면, 좀 더 나은 선택을 하고 싶었다. 실패와 성공, 둘 중 하나 100%를 보장할 수 없다면, 그래도 최대한 실패를 피할 수 있는 선택을 하고 싶었으니까. 그게 내가 끊임없이 생각을 늘어놓는 이유였다.

 그러나 가만 생각해 보면, 나는 단 한 가지 목표를 바라보는 게 아니라, 수 십 개의 실패를 바라보고 있었던 것 같다. 반드시 목표 지점까지 걸어가겠다는 마음이 아닌, 넘어져도 아프지 않게 넘어지는 방법들을 생각했던 것이다. 그때야 나는 나의 수많은 고민과 걱정들이 미련하게 보이지 않았다.

 나 또한 살면서 마음이 용광로처럼 뜨겁게 들끓기도 했고, 삶이라는 바다 위에 띄운 부표를 바라보며 숨이 찰 때까지 헤엄쳐본 적도 있었다. 그러나 인생은 그렇게 턱밑까지 숨이 차 죽기 직전까지 뛰어갈 필요가 없었다. 그리고 가장 중요한 것은, 목표를 향해 달려갈 때가 아닌 눈앞에 찾아온 기회를 놓치지 않는 것이었다. 확신은 찾아온 기회를 낚아챘을 때 더욱더 단단해졌으니까.

 나약한 이의 마음은 바람 앞에 놓인 촛불처럼 쉽게 흔들린다. 내가 깨달은 것은, 사람이라면 누구나 흔들린다는 것이다. 흔들리더라도 중심을 잡고 있는 것, 넘어지더라도 다시 일어날 것, 내가 정확히 무엇을 해야 하는지 아는 것이 불같이 뛰어드는 마음보다 더 중요하다. 생각보다 생은 길고, 우리는 앞으로 수많은 선택을 하며 살아갈 테니까.

 아프지 않게 쓰러지는 법을 배우면, 훌훌 털고 일어나 다시 걸어갈 수 있다. 이런 마음가짐이 목적지까지 느리게 안내하겠지만, 외려 더 튼튼한 마음으로 더 멀리 오래 걸어갈 수 있는 방법이기도 하다.

> *사람이라면 당연히 흔들릴 수 있다.*
> *나의 인생 또한, 흔들릴 수 있는 것이다.*
> *그러니 나 자신이 나약하다고 생각하지 말자.*
> *우리는 모두 흔들리면서 자랐다.*

결정하는 마음
~~~~~~

 어떤 답을 내려야 하는 순간이 다가올 때마다, 내 가슴은 솜털만 한 가시 하나가 굴러다니는 것처럼 따끔거렸다. 천천히 다가오던 선택의 시간은 갑자기 급물살을 타듯 회오리쳐 눈앞에 다다랐다. 가시는 넝쿨이 되고, 무기가 되었다. 칼집을 집어삼킨 무기가 온몸과 마음과 영혼을 헤집고 다녔다. 그 회오리가 모든 걸 파괴해버릴 수 있는 힘을 가지고 있다는 걸 알았다. 그래서 온몸과 마음이 단단히 얼어붙었는지도 모른다. 그 회오리에 휩쓸려가지 않기 위해서, 피를 흘리지 않기 위해서.

 왜 꼭 결정을 내리거나 답을 써야만 하는 걸까. 그저 마음 가는 대로, 시간이 흘러가는 대로 내버려 둘 순 없는 걸까. 결정을 종용하는 사람들과 조금 여유를 가져도 된다는 사람들의 목소리에 갈대처럼 흔들렸다. 회오리에 흔들리지 않기 위해 마음을 굳게 다 잡고자 했음에도, 마음은 너무나도 쉽게 들쭉날쭉했다. 세상에 옳은 일은 없어, 네 마음 편한 대로 하는 게 정답이지. 하지만 내가 어떤 방향으로 나아가야 하는지조차 모른다면? 그럼 가만히 서있는 것마저도 정답이라고 말할 수 있는 건가.

나만의 시간을 가지고 싶었다. 세상의 모든 것들을 내버려둔 채로 도망치는 것. 어디 멀리 내가 모르는 곳으로, 나를 모르는 곳으로 훌쩍 떠나는 것. 도망은 정말 최악의 결정일 수도 있었지만, 그렇게라도 하지 않으면 숨이 막혀 죽을 것만 같았다. 왜 세상은 그토록 정답을 갈구하는지, 답도 없는 내 인생을 보며 빨리 답을 내리라고 했다. 내 삶이야, 내 미래야, 내 후회야 어찌 됐든 상관없다는 듯이. 네가 언제든 망가져도, 그건 네가 내린 결정 때문이라며 냉혹하게 날 내치고 달아나버릴 거면서 세상은 그렇게 냉정하고 잔인하게, 나에게 확신에 찬 답을 원했다.

결정을 쉽게 내릴 수 없었던 건, 훗날 내가 무척 후회할 것 같았기 때문이었다. 지금 내 마음은 언제든 달아나고 싶은 건데, 달아나버리면 달아나지 않았을 때 마주할 행복을 놓치게 될 것만 같았다. 그럼 왠지 지금의 선택을 후회할 것 같아서, 영원히 불행하고 쓸쓸하게 살아갈 것만 같아서, 나는 간극이 좁혀지지 않는 두 가지의 선택지를 두고서 몇 달 동안 몸살을 앓았다. 밥은 들어가지 않았고, 조금만 스트레스를 받으면 구역질했고, 눈물은 마를 날이 없었다. 이 모든 게 아직 벌어지지도 않을 후회를 걱정하느라 생긴 일이었다.

사실 모든 목소리에 답이 있었다.

— *세상에 옳은 일은 없어. 네 마음 편한 대로 하는 게 정답이지.*

지금 내가 어떤 선택을 하든 후회할 수밖에 없다면, 현재라도 행복하면 되는 일이었다. 어떤 선택을 해도, 동전의 양면처럼 극명한 행복과 불행이 한꺼번에 들이닥칠 것이었다. 그러니 영원히 쓸쓸해질 일도, 고달파질 일도, 불행해질 일도 아니었다. 나는 그저, 앞으로 조금 더 불행할 것인지, 조금 더 행복할 것인지만 생각하면 되는 일이었다. 후회는 아주 뒷일이었다. 후회는 그날의 나에게 맡겨두면 되는 일이었다.

그럼 닥쳐올 미래와 후회를 차치하고서라도, 지금 당장의 나는 어떤 결정을 내릴 텐가? 미래를 생각하지 않는다면 이미 답은 정해져 있었다. 지금의 내가 괴롭지 않을 걸 선택하거나, 지금 당장 하고 싶은 걸 선택하면 될 일이었다. 어떤 선택을 해도 후회가 남을 거라면 말이다.

미래에 모든 아픔을 겪고 난 후, 다시 과거로 돌아간다면 나는 선택을 번복할까? 아니, 과거로 돌아간다고 해도 나는 똑같은 선택을 할 테다. 단순히 삶의 연륜이 부족해서, 혜안이 없어서, 인생을 몰라서 저질러지는 실수가 아니다. 선택은 늘 내가 살아보지 못한 삶을 두고 골몰하게 했다. 미래는 아직 내가 살아보지 않은 삶이기에 신중했고, 많은 생각을 낳아 외려 선택 자체에 두려움을 가지게 했다.

현재 내 눈 앞에 선택이 놓여있다면, 지금의 내가 가장 행복할 일만 고민하다. 오늘의 선택으로, 내일은 더 나은 선택을 할 수 있게 되리란 희망을 안자.

열심히 살지 말 것

"열심히 사는 모습, 보기 좋다?"

예전에는 저 말에 특히나 더 뿌듯함을 느꼈다. 예전이라 함은, 나의 번아웃을 기점으로 그전을 이야기한다. 그전에는 계획 세우는 걸 좋아했다. 다이어리 빼곡히 일정을 채우고, 펜으로 줄을 그어가며 내가 이뤄나간 성과들에 행복감을 느꼈다.

그런데 어느 순간, 열심히 살아도 제자리걸음 같다는 기분을 느꼈을 때, *'내가 지금 뭘 하고 있지?'* 하는 회의감이 밀려들었다. 열심히 사는 모습이 보기 좋다는 말을 들으며, 누구보다 알차게 살아왔던 난데 어느 순간, 그런 삶이 지긋지긋하고 역겹게 느껴졌다.

이제 더는 열심히 살고 싶지 않았다. 그래서 열심히 살지 않기 위해, 하루에도 몇십 번씩 마음을 다 잡았다. *'열심히 살*

지 말자, 최선을 다하지 말자, 계획 같은 것 세우지 말자.' 어느 순간 계획을 세우지 않게 된 것도, 미래의 내 모습에 기대를 하게 될 것만 같아서였다.

 삶은 내 뜻대로 이루어지는 것이 단 하나도 없었다. 원래 작가가 되겠다는 꿈도, 아주 먼 미래에 나이가 지긋한 노인이 되었을 때의 꿈이기도 했다. 언론인이 되고 싶었고, 그걸 이루기 위해 공부도 하고, 직장생활도 하며 부지런히 달려왔건만, 결국 나는 생각지도 못한 출판일을 하게 되었다. 그렇다고 해서 지금의 선택에 불만족스러운 것은 아니었다. 다만, 내가 열심히 한 것들에 대한 기대가 허망하게 무너져버리고, 내가 생각지도 못한 것을 하고 있는 것에 일종의 '배신감'같은 기분이 들었기 때문이었다.

"열심히 살지 않기로 해, 그저 즐겁게 사는 거야"

 나는 늘 혼잣말로 내 입에 달고 살았던 말이 하나 있었다. 바로 '청춘과 인생은 유한하다'는 것이었다. 그러나 이 말에는 아주 치졸한 양면성이 존재했다. 성실하게, 언제나 잘 살아야 한다는 뜻도 있었지만, 또 한 편으로는 쉴 틈 없이 무언가를 해야만 한다는 압박감이 쥐어졌기 때문이었다. 나는 늘 일분일초라도 무언가를 하기 위해 노력했다. 그것은 순전히 나의 미래를 위한 투쟁의 순간들이었다. 나는 결국 내 손에 쥐어보지도 못한 미래를 위해 오늘을 희생했다. 오늘의 나는 비참하게 사용되고 버려졌다.

그래서 이제는 열심히 살지 않기로 했다. 굳이 꾸역꾸역 미래를 위해 오늘을 희생하지도 않기로 했다. 다만 오늘 하루 이 순간, 나 자신이 가장 즐겁게 보내면 되는 것이었다.

"내 마음대로 그리고 채색하는 삶이 시작된 거야."
그러자 참으로 마법 같은 일들이 펼쳐졌다. 오히려 부푼 미래를 꿈꾸며 꾸역꾸역 나아가던 내가, 이제는 내가 하고 싶은 것들을 양껏 찾아 만들기 시작한 것이었다. 롤모델을 정하고 누군가를 따라 하지도 않고, 어떤 사람이 되겠다는 꿈도 정하지 않으니, 지금 이 순간 가장 나를 잘 표현할 수 있게 되었다. 어떻게 하면 나라는 색깔을 집중해서 칠할 수 있을까. 내가 칠하는 지금 이 하나의 붓질이, 훗날 결국 거대한 작품의 하나가 될 수 있는 것이었다.

나는 감히 훗날의 내 모습을 상상할 수 없다.
다만, 오늘의 내 모습이 미래의 '나'를 만들 수는 있다.
어떤 사람이 되겠다는 목표도, 꿈을 이루기 위해 오늘 하루 어떤 걸 이루겠다는 계획도 세우지 않아도 된다. 다만, 매일매일 내가 하고 싶은 것들을 빼곡히 채워나간다면, 그게 하루 이틀 걸려 느긋하게 완성되는 프로젝트더라도, 결국 그것 또한 또 하나의 '나'가 될 수 있는 것이다. 무언가를 이루기 위해 열심히, 최선을 다해 부서져온 나날들…. 정상에 서는 것은 중요치 않았다. 나로서 빛날 수 있는 존재가 된다면, 이미 성공이 아니라 아주 잘 산 삶이 되는 것 아닐까?

그래서 오늘 하루도 어떻게 하면 최고로 재밌게 보낼 수 있을지 생각해 본다. 내가 보내는 하루들이 단순히, 미래를 위해 '열심히' 투자하는 시간들로 비치지 않았으면 좋겠다. 난 단지, 최고로 '즐거운' 오늘을 보내기 위해 노력하는 것이라고….

*"열심히 사는 모습 보기 좋다"*가 아니라
*"재밌게 사는 모습 보기 좋다"*라는 말이
내 인생이 될 수 있도록

나에게 주어진 "오늘"이라는 스물 네시간은
이전에 없던 행복과 성취감으로
가득 채워질 수 있도록

나는 이제, 내일의 '나'를 위한 시간보다, 오늘의 '나'를 위해 살아갈 것이다.

거짓 위로

'*힘들었기 때문에 당연히 그럴 수밖에 없었어.*'

나 스스로를 달래기 위한 말로 곧잘 쓰던 위로의 말…. 단순한 거짓말은 아니었다. 남들이 '*다시 대학생으로 돌아가고 싶다*'고 말할 때 나는 '다시는 대학생으로 돌아가고 싶지 않다'고 말해왔는데, 그건 그때만큼 아주 열심히, 잘 살 자신이 없기 때문이었다.

아르바이트를 하며 사회에 일찍 뛰어든 것도 아니었고, 친구들과 그저 술 마시며 시간을 보낸 것도 아니었다. 내가 좋아하는 일을 하기 위해서 가난한 대학 생활을 택했다. 동아리 활동이나 교내외 활동으로 조금씩 활동비를 받아 근근이 살았다. 새 옷 하나 입을 돈이 없었다. 데이트하겠다고 꽃단장하는 친구를 옆에서 물끄러미 바라만 봤던 적도 많았다. 책 살 돈이 없어 선배들에게 헌책을 물려받기도 했다. 좋아하는 일을 하지 못하는 것보다, 금전적으로 시달리는 게 더 나았다. 나에 대한 위로의 말은 그때부터 시작되었다. 시간이나 체력, 금전적인 문제 때문에 도전하지 못한 것들에 대해서는 '*힘들었기 때문에 그럴 수밖에 없었어*'라며 스스로 위로하는 것이 당연해졌다.

하지만 그 위로는 이십 대 중후반을 넘기며 다르게 변질되었다. 어쩌면 '자기방어'로 내뱉은 말은 아니었을까? 그 상황에서 나 자신이 상처받지 않기 위해 했던 말은 아니었을까? 그 위로가 어쩌면 또 다른 '핑계'가 아닐까 하는 생각이 들었다.

누구나 한 번쯤은 치열하게 살 때가 있을 것이다. 치열하게 살지 않았다고 말하는 내 주변 친구들은 이따금 과거에 대해 후회하기도 했다. 하지만 너무 열심히 살아도, 너무 헐렁하게 살아도, 후회하는 것은 마찬가지였다.

내가 가장 열심히 살았던 때는 대학생 때이고, 내가 가장 후회하는 때는 사회 초년생일 때다. 직장생활을 하며 언론고시를 준비하고 있었던 나는, 어쩌면 대학 시절 열심히 살았다는 안일한 이유로, 그저 쉬고 싶은 마음에 '도전'하고 싶은 마음을 애써 덮어버리고 살았는지도 모른다. '직장생활을 해야 해서', '집에 손 벌릴 수 없어서' 다양하게 붙는 현실적인 이유와 '지방대를 나와서', '남들의 평가가 두려워서' 그 옆에 따라붙는 또 다른 사회의 편견과 시선에 핑계는 눈덩이처럼 불어났다. 직장생활과 병행하며 나름대로 열심히 공부했지만, 과연 나는 정말 열심히 공부했을까? 그것이 인생의 전부인 것처럼 달려들었을까? 어쩌면 나는 대학 시절의 열정이 사라지는 것을 두려워하면서도, 직장인의 안정적인 삶에 조금씩 물들어가고 있었던 것일지도 모른다.

한때는 나를 위로하는 말이었으나
지금은 핑계가 되어버린 '그럴 수밖에 없었어'

삼십 대의 문턱에 선 나는, 이제 더는 '그럴 수밖에 없었어'와 같은 위로의 말을 하지 않는다. 어차피 인생은 후회의 연속이다. 지난 몇 년간을 후회 속에 살았다. 그러니 이제는 '후회'하는 것 대신 조금 다른 모습으로 인생을 살아가려 한다. 어차피 후회할 거라면, 지금 당장 내가 하고 싶은 일을 하자!

항상 바지런히 힘만 내며 살 수 없을 것이다. 지칠 때마다, 열심히 살지 않으려고 할 때마다 이 글을 꺼내 읽어볼 것이다. 이 글은 냉장고에 숨겨놓은 초콜릿처럼 달콤하게 혀끝을 적시고, 내 마음을 든든하게 찌울 것이다.

오늘도, 이 글에 묻은 달콤한 초콜릿을 할짝대며 음미해 본다. 짜릿하고 달콤한, 자유로운 인생의 맛을!

마음 다스리는 법

 종종 "살면서 가장 힘들었던 때"를 묻는 사람이 있었다. 한 해를 마무리하는 때에 대담집 출간을 준비하는 어느 기획자처럼, 시간 때우는 질문 놀이라는 포장 아래 내 가치관을 헤쳐보는 듯한 인터뷰를 쏟아냈다. 평소 생각했던 것들은 고민도 없이 쓱 내뱉었지만, 때론 꽤 오랜 시간 골몰해야 하는 주제들에 대해서 묻기도 했다. 그 질문이 "살면서 가장 힘들었던 때"였다.

 언젠가의 나는 "살면서 가장 힘들었던 때"에 대해 누구에게나 잘 털어놓았다. 실은, 누군가에게 힘듦을 털어놓을 때는 지나간 과거가 아닌, 지금 당장 마주한 현실이었다. 며칠 어떤 고민 때문에 밤잠을 설치고 있다, 어떻게 해결해야 할지 모르겠다, 인간관계는 왜 이토록 어려운 것일까? 무척 힘이 들 때는 두 눈이 빨개지도록 울었다. 운다고 해결되는 일은 아무것도 없었는데, 나는 유독 견디는 시간에 약했다. 힘든 나날이 하루빨리 흘러가길 바랐다.

 누군가에게 힘듦을 토로하고, 때론 기대기도 하면서 잘 지내왔던 내가 부쩍 고민상담에 시들해진 것은, 사람 간의 위로에 한계를 느꼈기 때문이었다. 언젠가부터 힘듦에 대해 털어놓는 것이 불편해지기 시작했다. 나의 아픔을 타인이 알아주리 만무한데, 되려 홀로 상처를 받아서다. 누군가에게 힘듦을 털어놓는 것은, 그 누군가에게 힘듦을 지어주는 것이나 마찬가지였다.

 고작 얘기 듣는 것뿐인데, 뭐 힘들겠어? 처음엔 다들 고민을 털어놓으라고 말한다. 심지어 나 조차도 흘러가는 말로 *힘들 때 얘기해,* 라며 말하기도 했다. 그 말속에 위선이 있다. 아무도 타인의 힘듦을 짊어질 수 없었다. 털어놓는다고 해서 완전히, 개운해지는 것도 아니었다. 힘듦은 털어놓으면 털어놓을수록 더욱더 곱씹어져, 같은 생각과 틀에 갇히게 되었다. 타인의 고민, 그 부정적인 생각들이 마음속에 켜켜이 쌓이다 보면, 어느 순간 '나도 부정적인 사람이 되지 않을까?' 하는 불안증에 시달렸다. 고민을 실컷 털어놓으라고 말한 사람은 난데, 점점 그 사람에게서 멀어지고만 싶었다.

 언젠가 나는, 고민을 털어놓으라고 말하는 사람이었던 적도, 쉴 새 없이 고민만을 털어놓는 사람이었던 적도 있었다. 거기서 깨달은 것은 *'위로에도 한계가 있다'*는 것이었다. 한계를 깨닫게 되었을 때, 나는 나 자신을 치유할 수 있는 방법을 터득하기 위해 무진장 애를 썼다. 노래방에 가서 신나게 노래도 불러보고, 달리기를 하며 정신을 단련하기도 했다. 모두 다 좋은 방법이었지만, 나는 조금 더 직관적으로 나의 힘듦을 털어놓고 싶었다.

그때부터 나는 자신을 치유하는 글을 쓰기 시작했다. 감정이 북받쳐 오를 때는 눈을 감고 글을 쓰며 눈물을 흘려냈다. 감정을 최대한으로 끌어올리기 위해 슬픈 음악을 들으며 한참 앉아있기도 했다. 스스로를 다스리는 법을 글로 터득하기 시작한 것이다. 지인들은 때로 그 행동이 가슴속에 우울감을 담아내는 행동이다, 좋지 않다, 고 말하기도 했다. 하지만 나는 아직까지 내 안에 쌓인 스트레스를 해소하는 가장 효과적인 방법이 이 글쓰기라고 생각한다. 그건 정말 오롯이 나 자신을 치유하는 글이었기 때문에, 타인에게 읽히지 않아도 되는 글이었다. 마음껏 자유를 만끽하면서, 내 마음을 다 쏟아낼 수 있는 최소한의 문장을 썼다. 글쓰기에 대한 부담 따위도 없었다.

버티기 버거운 나의 힘듦이 타인에게는 별 것 아닐지도 모른다. 인생에 짊어진 고통의 무게가 개인마다 다르기 때문이다. 타인에게 기댈 수 있을 때는, 기대는 것이 좋다. 하지만 스스로 자신의 수난을 감내해보고 싶다면, 마음을 수련하고 단련하는 방법을 찾아가는 것도 좋겠다. 그것이 꼭 글쓰기가 아니어도 된다. 나만의 마음 다스리는 법을 찾는다면, 닥쳐올 수난도 침착하게 헤쳐나갈 수 있을 테다.

# 3장

우리, 함께
불완전하거나 완벽하거나

가끔 삶이 허망하고 삭막하게 느껴질 때 있잖아?
그때 친애하는 나의 사랑들이
끊임없이 써 내려간 내 삶의 여정에
쉼표를 찍어주었어.
잠시 숨을 돌리라고, 천천히 가도 된다고 말이야.

모두의 자존감

 친애하는 나의 친구는 손 글씨를 참 잘 쓴다. 최근엔 패드에 그림을 그리기 시작했는데, 그 실력이 얼마나 뛰어나면 다른 사람의 얼굴을 캐릭터로 그려주기까지 했다. 친구의 실력이 아까워 인터넷에 그림을 올려보면 좋겠다고 말했더니, 친구가 자신감이 없는 목소리로 대답했다.
 "내 그림은 너무나 평범한걸."
 내 친구라서가 아니라, 정말 친구의 작품은 매력이 있었다. 남들이 그릴 수 없는 그 친구만의 독특한 매력이 있던 거였다. 친구의 자신감 없는 목소리가 덧대어지자, 언젠가 글쓰기 강의를 했던 때가 슬그머니 떠오르기 시작했다.

최근 지역의 한 작은 독립서점에서 힐링 글쓰기 강의를 한 적이 있었다. 대여섯명의 사람들이 모여 글을 쓰고 합평하는, 일종의 글쓰기 모임 같은 느낌이었다. 글쓰기를 시작하기 전, 글감에 대한 주제로 나는 이런 물음을 던졌다.
"최근 겪은 일 중에 나에게 의미있는 사건이 있었나요?"
 어떤 글을 써야할까 머뭇거리는 사람들에게 가볍게 접근하면서, 최대한 '생각하는 글쓰기'를 해볼 수 있는 주제였다. 사소한 거라도 괜찮다, 일기나 시, 편지 형식으로 써도 좋다며 몇가지 방법들을 말했다. 글을 쓰고 가볍게 느낀점을 나눈 뒤, 그 자리에서 작품을 돌려보자고 했다. 그때 사람들이 머뭇거리며 쓴 글들을 자신의 몸쪽으로 끌어 안았다. 왜 글을 품에 안으냐고 물으니, 한 사람이 쑥스러운 듯 머리를 긁으며 말했다.
"작가님은 많은 사람에게 글을 보이는 게 쑥스럽지 않으세요?"

 나라고 처음부터 타인에게 내가 쓴 글을 잘 보였던 건 아니다. 나도 다른 사람들에게 글을 보이는 것이 부끄러울 때가 있었다.
'내가 쓴 글은 글 같지 않아.'
'뭔가 문학은 등단 해야만 쓸 수 있는 것 같아.'

'나중엔 이불을 걷어찰 만큼의 흑역사가 되고 말 거야!'

 나도 내가 쓴 글을 부끄러워 했다. 그때 나는 어느 포털사이트에 나만의 게시판을 열어 비공개로 글을 쓰고 있었다. 아무도 모르게, 나만의 비밀 일기장에 하루 중 느낀 보람과 기쁨, 슬픔들을 써내려간 것이다.

 그러던 어느 날, 내 글을 대학 동기가 옆에서 우연히 읽게 되었다. 나는 부끄러워하며 황급히 화면을 껐지만, 동기는 동그랗게 뜬 눈으로 내게 말했다.

 "혼자서 감춰두고 쓰기엔 아깝다" 라고.

 친구는 이후 다음카카오 브런치라는 플랫폼을 알려주었다. 글을 은밀하게 썩혀두지 말고, 양지로 내놓아 보라는 뜻이었다. 나는 한참을 망설이다, 일기 중 하나를 꺼내 작가의 서랍에 넣어 두었다. 그땐 브런치 작가로 선정되려 글을 쓴 것이 아니었다. 감춰왔던 나의 글, 생각, 침잠해 있던 가치관들을 드러내보일 계기이자 새로운 도전에 대한 용기를 펼치는 순간이었다.

낡은 생각을 깨기 위한 작은 용기

 그때의 나는 내 글을 타인에게 보여주는 것에 대해 두려움을 가지고 있었다. 작가란 무릇 등단의 절차를 거쳐 대중들에게 인정을 받아야만 하고, 그렇지 않으면 진정한 작가가 아니라고 여겼던 때였다. 어쩌다 힘겹게 인터넷에 글을 올리면, 바로 다음 날 글을 내려버렸다. 그것이 나의 글을 사랑하는 방식이었다.

 그렇게 밑바닥까지 내려앉았던 글에 대한 자존감을 끌어 올리기까지 꽤 많은 시간이 흘렀다. 아주 오랫동안 다른 작가의 글과 나의 글을 비교하면서, 끊임없이 나 자신을 혐오했다. 힘들게 공들여 쓴 글도, 다음날이 되면 그렇게 못나 보일 수가 없었다. 수없이 많은 수정을 거친 여러 작품도 삭제해 버려 두 번 다시 읽어볼 수 없었다. 하지만 나는 그럼에도 꾸준히 글을 썼고, 바지런히 양지에 글을 올려 놓았다.

 돌이켜 생각해 보면 나의 글쓰기는 그릇을 닦아 볕에 말려 놓는 것 같았다. 정신없이 설거지하느라, 그릇에 묻은 오물만을 보느라 나는 잘 닦은 그릇을 보지 못했다.

 그렇다. 흘끔흘끔 잘 닦인 나의 글을 발견한 순간, 세상이라는 볕에 반짝거리며 빛나는 모습을 마주한 순간, 나는 조금씩 나를 향한 비난 섞인 자기혐오를 천천히 내려놓을 수 있었다.

 오케스트라의 클라이맥스가 갑자기 등장하지 않듯, 인간의 감정이나 자존감 같은 것들도 한 번에 회복되지 못한다. 우리는 세상을 정신없이 살아내느라 어느 지점까지 떠밀렸는지, 얼마나 깨끗하게 닦였는지, 어떤 운율에 몸을 맡기고 있는지, 자신을 찾지 못하고 잃어버렸다.

빛나는 나 자신을 마주한 순간, 나는 마침내 자유로워졌다
 나는 결국 하루 한 편씩 꾸준히 세상에 나의 글을 내놓았다. 남들과 비교하며 혐오하던 글쓰기도, 점점 '나'라는 중심을 찾아가기 시작했다. 브런치 작가로 선정된 2016년, 그로부터 8년. 그렇듯, 자존감은 하루아침에 해결되지 않고, 타인이 회복시켜 주는 것도 아니었다. 결국은 스스로 해결해야 하는 숙제였다.

손재주가 좋은 친구와 합평하는 글쓰기 멤버들 또한 마찬가지다. 내가 그들에게 해줄 수 있는 건 아무것도 없다. 그들이 스스로 움직일 수 있게 응원을 해주는 것밖에는.

"세상 모든 사람의 마음을 움직일 수 있는 작품은 없어.
평범하고 비슷한 작품이라도
자신만의 색깔을 만들어가면 돼.
세상에 비슷해 보이지만 조금씩 다른 컬러가 있는 것처럼
우리가 선호하는 립스틱 색깔이 전부 다른 것처럼
보잘것없는 내 작품이라도 나만의 색깔
될 수 있다고 말이야."

오늘도 남몰래 꿈을 품고 사는 이들에게 심어주고 싶은 말이다.

스물아홉의 대화

 서른을 앞둔 친구와의 주된 대화 주제는 지난 이십 대를 돌아보는 것이다.

 "우리 참 열심히 살았지?"

 열심히 돈을 모아서 여행을 떠나거나 먹고 싶은 것, 사고 싶은 것 마음껏 누리거나 혹은 공부를 열심히 하기도 했다. 대학 졸업과 동시에 꼬리표처럼 딸려 나온 '취업'의 그림자는 아직도 진하게 눌어붙어 있다. 어떤 일에 반드시 금전적인 문제가 따른다는 것은 참으로 씁쓸한 일이다. 그 금전 때문에 인생의 절반을 일을 하며 살았기 때문이다.

 나는 인생의 전부를 꿈을 향해 쫓아다녔고, 나의 친구는 저 하고 싶은 대로 즐기며 살았다. 워킹홀리데이를 가서 다른 나라의 문화를 즐겼다. 서로의 이십 대를 이야기하는데 행복하기도 하지만, 한편으론 마음이 뭉클했다. 대화의 흐름은 이상하게도 그 속에 담긴 '후회'로 초점이 맞춰졌다.
"넌 좋겠다. 한 가지 확실한 꿈을 안고, 네 길을 닦았잖아."
"네가 더 좋겠다. 이십 대 때 누릴 수 있는 것들 마음껏 누렸잖아. 여행도 가고, 하고 싶은 대로 놀고."
노는 것도, 꿈에도 우리는 늘 최선을 다하며 살았다. 나는 누군가에게 뒤쳐질까 두려웠고, 친구는 아까운 이십 대를 더 신나게 즐기지 못할까 전전긍긍했다. 누가 옳고, 누가 그르다는 판단을 내리기에는 부족한 점들이 있다. 맞다. 우리는 모두 서툰 청춘들이었다.

어떤 선택을 하느냐에 따라 후회는 따라온다. 지금 돌이켜 생각해보면 나도 그렇게까지 최선을 다해, 열심히 살 필요는 없었다. 남들에게 뒤쳐질까 두려워했고, 어떻게 살아야 잘 사는 것일까 골몰하며 시간들을 보냈다. 서툴렀기 때문에 고민만 하다 그저 흘려보낸 시간들도 많았다.
그러나 그 일들에 대해서 깊은 후회는 남기지 않으련다.
"그때였기 때문에 서툴렀던 거야."
앞으로 더 잘 살아가기 위해 노력하면 되는 것이다.
'앞으로 더 잘 살아보자'는 다짐에는 이상하게 '나이'가 뒤따라온다. 이제 곧 서른이기 때문에, 결혼을 해야 하는 나이이기 때문에, 아이를 낳았기 때문에…. '서른'에 붙은 수많은 이유가 발목을 붙잡는다.
최근에 이런 대화를 나눈 친구에게 손을 잡으며 한 말이 있다.

"서른은 끝이 아니라 시작이래."

서른을 앞둔 우리가 할 수 있는 일들이 뭐가 있을까? 나이에 경계를 짓지 말고 우리가 지금 당장 할 수 있는 것들을 찾아보자! 서른을 마주한 서로의 마음을 쓸어내리며 자그마한 꿈과 계획들을 세워본다. 언젠가 우리 인생에 마흔을 맞게 되었을 때, 후회 없는 서른을 보내려면, 우리는 지금부터 부지런을 떨어야 했다.

그동안 읽지 못했던 책을 읽어도 좋다. 취미로 시작했던 일을 제대로 시작해봐도 좋다. 전시회를 기획해보거나, 책을 써봐도 좋다. 우리 서로에게 내민 손이 부끄럽지 않도록, 최선을 다해 서른을 보내기로 약속한다.

청춘은 열정으로 얼마든지 늘려갈 수 있다.

'멋짐'에 취하지 말 것

 모든 세상이 멈춘 것만 같았다. 전염병에 대한 이야기는 끊임없이 쏟아졌고, 주가는 하락했지만, 어떤 것은 오르기도 했다. 이런 와중에도 세상은 돌아갔다.

 이런 세상에서는 금세 지치기 십상이다. 덕분에, 회사에서 독립해 오롯하게 혼자 일어나 보겠다는 다짐은, '나중에'로 미뤄졌다. 얕은 정신을 붙잡으며 살아 있었던 것은, 언젠가 모든 것들이 회복되리라는 '희망' 때문이었다.

 최근에 한 미래학자의 인터뷰를 봤다. 그 미래학자는 나와 같은 생각을 가진 자들에게 강한 일침을 놨다.

 "코로나19가 끝날 거라는 헛된 희망을 품고 사는 사람들이 있는데, 그건 바보 같은 짓입니다. 코로나19가 언제 끝날지는 아무도 모르는 일이에요! 혹여 종식이 선언된다고 하더라도, 이 상흔은 오래 지속될 것입니다. 지금 당장 이겨낼 수

있는 것들을 찾으세요! '나중에'는 없습니다."

 사람들은 그 미래학자의 이야기를 듣고 현실과 동떨어진 이야기라고, 왜 이렇게 냉정하게 말하느냐고 했다. 하지만 내 생각은 조금 달랐다.

 '미래학자의 말처럼, 어쩌면 그 '희망' 때문에 지금의 나를 망가뜨리고 있는 게 아닐까?'

 매일 안 좋은 기사들이 쏟아졌다. 희망을 잃은 자영업자들의 비관적인 소식이 들려왔다. 한 편으론 현실을 이겨내기 위해 부업을 찾는 사람들의 소식도 있었다. 어느 것 하나 좋게 보일 수 없었다. 지금 현실이 이 정도로 냉혹해졌다는 방증일 테다.

 보통 나는 아침에 눈을 뜨면 가장 먼저 온라인 서점에 들어갔다. 내 책의 판매지수를 보고, 내 책을 얼마나 많은 사람들이 관심 있게 보는지 찾았다. 밤 열두 시가 지나면 갱신하는 그 지수 때문에, 나의 삶은 그 수치에 귀속되어 있었다. 그걸 시작으로 자극을 받고, 오늘은 더 열심히 글을 쓰고 더 열심히 홍보해야겠다고 다짐했다. 회사에 출근해서 일하고, 휴식 시간 틈틈이 출판일을 하고, 퇴근해서도 빠듯하게 일했다. 꿈에 그린 퇴사는 열심히 돈을 모아 사업 밑천을 마련하기 위해서였다. 그런데 오늘 아침에 눈을 떴을 때 나는 온라인 서점을 열어보고 싶지 않았다.

 '글쓰기를 그만두면 어떻게 될까?'

 수년 동안 공들여 쌓은 모든 것들을 내려놓고 싶다고 생각했다. 이 냉혹한 시기에 버티고 서 있다는 것 자체가 기적 같은 것인데도, 이 버팀이 힘들어 모든 걸 내던져버리고 싶다고 생각했다. 그 순간 나는 두 눈을 질끈 감아버렸다.

언젠가 연극을 하는 언니와 대화를 나눴던 때가 생각났다.
"언니의 도전하는 삶이 멋있는 것 같아요."
"멋있다고? 그런 거 쥐뿔도 없어. 다시는 어디 가서 멋있다는 말 하지 마."
그때는 그 말이 이해가 가지 않았는데, 요즘 부쩍 그 언니의 대답이 가슴속에 맴돈다.

새로운 것에 도전하고 살아가는 모습이 타인에게는 멋있을지 모른다. 자신에게는 항상 어떤 정도를 유지하기 위해 붙잡으며 발버둥 치고 있다는 걸, 도태되지 않고 떨어지지 않기 위해 안간힘을 다해 매달리고 있다는 걸, 멋진 환상이 아니라 치열한 생업이 되어 간다는 걸 아무도 알지 못한다. 아무도 그 '당사자'가 되지 않는 이상 알지 못한다.

질끈 감았던 두 눈을 다시 뜨며 마음을 가다듬었다. 경제 신문을 보며 세상 돌아가는 기사를 읽었다. 사회적 거리 두기 2.5단계가 2단계로 내려갔다. 상황이 조금씩 나아지고 있었지만, 늘 이런 방심이 문제를 낳았다. 누구도 코로나가 금세 종식될 것이라고 예상하지 않았다. 길게는 몇 년까지도 전염병이 사그라지지 않을 것이라고 봤다. 마음을 애써 추슬렀다. 괜찮다. 도태되었다고 보기에는 세상이 무척이나 삭막함으로….

 마음이 막막할 때마다 세상에 눈을 돌리고, 뭉친 마음의 근육을 천천히 풀어본다. 열심히 해도 멈춰 있는 것 같다면, 내 안의 어떤 문제점을 발견하지 못했다면, 요즘 세상은 어떻게 돌아가고 있는지 보는 것이다. 내가 원하는 일을 하는 것만큼 중요한 것은, 내가 희망하는 것을 세상도 원하고 있는지를 찾는 것이다.

 내가 쓰는 글, 나의 생각들이 타인에게 얼마만큼 영향을 미치는지를, 그것들을 세상은 얼마나 간절히 원하고 있는지를 깨닫는 것. 그런 것이야말로 이 세상에서 도태되지 않고, 나의 간절한 꿈을 지켜나가는 것일 테다.

 요즘 내겐 그 언니의 말이 계속 맴돈다.

 "멋있다고? 그런 거 쥐뿔도 없어."

 멋진 자영업, 멋진 작가, 멋진 연극배우 같은 건 없다. 그저 살기 위해, 사력을 다해 살아가는 사람의 모습일 뿐이니까. 그 '멋진'에 취하지 말자.

폭풍우가 지나면

 삶이 힘겨워 눈물을 흘리는 자들을 보고 세상은 '고작 눈물 밖에'라는 말을 붙이곤 한다. 비릿한 눈물 냄새가 나는 세상에서 살아남기란 보통 어려운 일이 아녔다. 따뜻한 이야기가 만연했던 다큐멘터리에는 온통 불안한 경제와 서민들의 설움이 가득한 이야기만이 그려졌고, 뉴스 기사는 칼자루를 손에 쥔 흉악범들의 이야기로 난장판을 이루었다. 이런 세상에서 어찌 살아가겠냐며 울분을 토하는 사람들도 많아졌고, 그만큼 타인을 따뜻한 마음으로 바라보는 시선도 인색해졌다.
 이런 세상에서 어찌 희망을 노래할 수 있을까? 한숨이 짙게 흘러나오는 지금 이 순간에도, 관절에서는 녹슨 그네처럼 삐걱거리는 소리가 났다. 내가 어떻게 있든, 시간은 계속 흐르고 있다는 신호였다.
 그러나 이런 인생에도 어른들은 '젊어서 좋다'는 이야기를 했다. "내가 너 어릴 적에는…"으로 시작하는 말에는 늘 뼈가 있었다. 20대 때는 몸이 부서지라 열심히 해도 성과를 얻지 못하는 시기였다. 사회 경험이 없으니 직장에서는 경력을 쌓느라, 인간관계에서는 상처를 받느라, 사회 초년생의 적은 월급으로 자취하고 공부도 병행하느라 돈도 모으지 못한 채, 영혼의 몸 구석구석 구멍이 뚫려 있었다. 그 시기 나는 어른들의 조언을 다 받아먹지 못하고 극심한 편식을 했다.

특히 내 마음을 몰라주는 부모님을 야속하게 생각했다. 어쩌면 이리도 내 속마음을 몰라주실까? 이렇게나 살기가 힘든데, 반듯하게 일어서서 자라나는 것도 버거운 세상인데, 옛날과 많이 달라졌는데…. 부모님의 잔소리는 나의 세상을 너무나 쉽게 말하는 것처럼 느껴졌다.

"나도 돈도 많이 모으고 싶고, 경험도 많이 하고 싶어요. 그런데 그 두 가지를 어떻게 한 번에 해요? 나도 하고 싶죠, 나도 그러고 싶죠…."

부모님의 잔소리에 폭발해 버린 나는, 인상을 쓰며 고개를 저었다. 그렇게 천천히 30대의 초입에 젖어 들었다.

∽

보상 없이 열심히만 산 20대, 결국 30대에서 무너지다
집안의 금전적인 지원을 받지 않고 보낸 나의 20대는 매우 가난했다. 밑으로 형제가 더 있었기에, 대한민국 장녀의 삶은 고달프기 그지없었다. 20대, 사회 초년생의 월급으로 재테크도 빠듯한 시기에 나는 부모님과 동생들 용돈을 챙겼고, 그런 와중에도 언론인에 대한 꿈을 꿨다. 그때 부모님은 '돈을 많이 모아두어야 한다'고 말씀하셨지만, 그 당시의 나에게는 불가능한 일이었다. 부모님을 원망하기도 했고, 마음이 힘들어 홀로 많이 울었다. 그래도 끝까지 부모님께는 힘든 내색을 보이려 하지 않았다. 부모님은 끝까지 내가 마음이 병들어 가고 있는 줄 모르셨다.

어느 명절, 부모님을 찾아뵌 나는 결국 울음이 터져버리고 말았다. 부모님께서 장녀로서의 희생, 서른에 대한 조언, 직장과 같은 현실적인 조언을 하던 순간이었다.

"저보고 대체 어쩌라고요!"

나는 방문을 닫고, 방에 틀어박혀 엉엉 울었다. 20살이 되고 10년을 보내는 동안 제대로 된 나의 인생을 살아본 적이 없다고 느꼈기 때문이었다. 돈도 제대로 모아둔 것도 없었고, 그렇다고 언론고시는 합격하지도 못했으며, 다니던 직장은 경영악화로 권고사직 당했고, 마지막 희망이었던 출판 사업은 코로나 직격탄으로 죽어가는 중이었다. 나는 이 모든 사실을 가족들에게 말하지 않고 혼자 끙끙 앓고 있었다.

며칠 동안 방에 들어가 나오지 않았다. 밥도 제대로 먹지 않아 몸은 하루가 다르게 말라갔다. 하루 종일 울었다. 내 인생에 삼십 대는 무척이나 비참한 것이었다. 내가 그동안 어릴 적부터 상상했던 삼십 대는 이런 모습이 아니었다. 어떤 일에도 당차게 살아가는, 야무진 어른이 되고 싶었다. 그러나 현실 앞에 마주한 나는 매우 초라하고 하찮았다.

 조금이라도 일을 쉬면 커리어에 금이 갈지도 모른다는 불안감, 안정적인 월급 떨어지면 끝장날 것만 같던 삶, 그래도 놓지 못했던 꿈, 그 모든 것들이 나의 숨통을 죄어왔다. 나는 그렇게 과거에 스스로를 가두고 후회와 절망 속에 서서히 말라 죽어 갔던 것이다.

 모든 사실을 알게 된 엄마는 그때야 나의 겉모습을 보셨다. 옷 한 벌 제대로 사 입지 않던 딸이 그저 검소한 성격이라고만 생각해 오셨단다. 나는 휴가도 제대로 써본 적 없이 오직 일만, 직장을 그만둘 때도 바로 다음 직장을 구해 일을 했다. 그때 엄만 내가 일을 무척 좋아해서 그런 줄로만 아셨다. 그때 속상해하던 엄마의 얼굴을 잊지 못한다.

폭풍우가 지나가니, 나의 바다는 평온해졌다

 영원히 죽을 것만 같았던 나의 영혼이 평온한 안식을 되찾기까지 1년여 정도의 시간이 흘렀다. 그 사이 세상의 파도는 더 악화되었고, 사람들의 마음속에는 화가 가득 차 있었다. 이런 혼란스러운 세상 가운데서 나 홀로 평온함을 찾은 것이 참으로 아이러니했다.

 1년간 밤마다 부정적이고 안 좋은 생각에 사로잡혀 잠 못 이루던 나는, 다음 날 아침이면 피폐한 얼굴로 이부자리에서 일어나곤 했다. 얼굴은 늘 흙빛이었고, 밤새 울어 눈은 퉁퉁 불어 있었다. 울다 잠들고, 다음날 심신이 피로해져 또다시 안 좋은 생각을 반복하다가 다시 제대로 살아보고 싶은 생각이 들었다. 이 지긋지긋한 우울감에서 벗어나고 싶었다. 그러기 위해서 우선 내가 잘 자야만 한다고 생각했다. 그래서 저녁 러닝을 시작했고, 몸이 녹초가 될 때까지 혹사하고 나서야 잠에 들 수 있었다. 그렇게 차츰 나는 우울감에서 벗어날 수 있었다.

그러나 러닝을 해도 여전히 내 안에는 부정적인 생각들로 가득했다. *'난 할 수 없을 거야'*라는 생각들이 온 머릿속을 지배하고 있었다. 나는 그마저도 마음을 내려놓기로 했다. 무언가를 하려는 '욕심'을 버린 것이다.

*'난 할 수 있어'*라고 스스로 주문을 외웠던 20대 때는, 난 늘 하고 싶은 게 많은 아이였다. 돈도 많이 벌고 싶었고, 가족들에게 힘든 모습도 보여주고 싶지 않았고, 꿈도 완벽하게 이루고 싶었던, 아주 욕심이 많은 사람. 그 모든 욕심을 내려놓고 나자 오롯이 나 자신이 보였다.

*'난 할 수 있어'*라고 생각하게 되면, 나 자신이 미래에 대해 희망을 품게 되었다. 그러나 지금은 미래에 대한 희망 같은 것은 없어졌다. '난 할 수 없을 거야'라는 생각으로 가득 찬 일, 지금 당장 이룰 수 없을 이 불가능할 일을 조금 더 체계적이고 꼼꼼하게 준비하게 되었다. 지금 당장에도 할 수 없고, 또 먼 미래에도 할 수 없을지도 모를 '꿈'과 '목표'에 대한 희망을 버리는 것. 그래도 가능성을 높이기 위해서는 오

늘 내가 더 꼼꼼하고 계획적으로 살아가야 한다고 말이다.

그런 욕심이 내려가는 순간, 나는 아주 평온한 마음 상태가 되었다. 이제야 비로소, 나의 마음을 제대로 들여다볼 수 있게 되었고, 천천히 주변을 돌아볼 수 있게 되었다.

내 삶만 바라봤던 편협한 시선,
이제는 내가 사랑하는 사람들이 보이기 시작했다

폭풍우가 지나고 난 이후, 나 자신이 가장 크게 체감하는 변화가 생겼다. 바로 감정의 폭이 정말 커졌다는 것이다. 정말 작은 것에도 감동해서 눈물을 흘렸다. 남들은 별로 슬프지 않은 영화라고 해도, 나는 눈물을 닦으며 극장을 나왔다.

더 이상한 것은, 내가 사랑하는 주변 사람들을 바라보는 나의 눈과 마음이었다. 오랜만에 엄마의 얼굴을 들여다본 나는, 엄마와 대화하던 도중 순간 울음이 터져버린 적이 있었다. 그동안은 자세히 보지 않았던 엄마의 깊게 파인 주름살 때문이었다.

"엄마, 내가 그동안 속 썩여서 미안해…."

할머니처럼 주름살이 많아진 엄마의 손을 쓸어내리며, 나는 속상한 마음을 감추지 못했다.

20대 때는 그저 내 인생 아까운 것만 바라보다가, 이제는 내 가족들의 인생, 내 주변 사람들의 인생도 감정을 담아 바라보게 된 것이었다. 그러자 이제는 부모님의 말씀이 잔소리처럼 들리는 것이 아닌, 마치 32살이 된 엄마와 이야기하는 듯한 기분이 들었다. 나이 든 친구, 그러자 마음 한편이 욱신거렸다.

"엄마는 내 나이 때 어떻게 살았어? (...) 어떻게 그런 속상한 일을 겪고도 참았어? (...) 삶이 힘들었을 텐데 어떻게 견뎠어? (...)"

엄마에게 이것저것 물어보며, 엄마의 인생을 들었다. 마치 32살로 돌아간 그때의 엄마가 나에게 이야기해 주는 것처럼. 만약 내가 엄마였더라면 그렇게 할 수 있었을까? 자식인 날 위해서 이렇게까지 희생할 수 있었을까?

"엄마 인생은 너희들밖에 없었지."

나는 내 인생이 망가져 버린 것 같다고 울고 있었을 때, 엄마는 나를 위해 당신의 인생을 희생했다. 깊게 파인 주름살과 조금 굽은 허리와 온종일 서 있느라 혈관이 퉁퉁 부은 다리까지. 나는 엄마 앞에서 울면서 몇 번이나 눈물을 닦아 냈다.

스무 살이 되고, 한 번도 부모님 앞에서 울어본 적 없던 내가, 감정은 숨기고 최대한 힘들지 않은 척 연기했던 내가, 이제는 부모님 앞에서 울고 있었다. 부모님의 말씀이라면 잔소리 같다고 듣기 싫어했던 내가, 이제는 나이 든 친구의 말이라며 경청하고 존경스러워하기 시작했다. 이게 삼십 대의 내가 느낀 가장 큰 변화이자, 감정이었다.

나는 그동안 엄마를 거짓말로 사랑해 왔다면, 이제는 엄마를 진심으로 사랑하게 되었다. 엄마의 인생이 헛되지 않도록 하는 것은, 내가 마음 아프지 않고 건강하게 자라는 것이라는 걸. 그저 우리 가족, 내가 사랑하는 사람들이 행복하면 되는 세상이라는 걸, 나는 그동안 깨닫지 못했다. 닿을 수 없는 먼 미래의 꿈만을 바라본 채, 눈앞의 것들은 놓쳐왔다. 정말 중요한 것은 나의 가장 가까운 곳에 있었는데 말이다.

 나의 인생에 거대한 폭풍우가 지나가고, 나는 이제야 깨끗해진 나의 세상을 바라볼 수 있게 되었다. 수평선으로 나뉜 먼 하늘과 바다를 구분하는 마음을 가지고, 바닷가에서 찰랑거리는 바닷물결을 피부로 느낄 수 있는 삶. 모두가 아프지 않고 행복한 그런 삶을. 그동안 똘똘 뭉친 욕심을 버리지 못해 괴로워하기만 했던 나의 20대 인생은, 30대라는 2막에 들어서야 비로소 가벼워졌다. 욕심을 내려놓고 나자, 이 거대한 욕심은 내 인생에 그렇게 크게 중요한 것이 아니라는 걸 깨닫게 되었다.

서른에 대하여

 날씨가 제법 추워졌다. 코트 깃을 세워 뒷목을 감싸도, 날카로운 바람은 소매 사이로 파고들었다. 친구와 통화를 하는데 친구가 사는 동네에는 벌써 첫눈이 왔다고 했다. 예쁜 함박눈은 아니고, 지저분한 싸라기 눈이었다고. 나는 날씨가 그럴만하겠다고 말하며 하늘을 쳐다보았다. 아직 내가 사는 동네에는 첫눈이 올 기미를 보이지 않았다. 그렇게 친구와 한참 수다를 떨다 전화를 끊었다. 바람이 세게 불어 핸드폰을 들고 있는 손이 빨갛게 얼어버렸지만, 그래도 오랜만에 속 깊은 이야기를 해서 마음 한 편은 뜨거워졌다.

 언젠가 내게 겨울은 활기의 계절이었다. 한 해를 마무리하는 시간이자, 새로운 출발을 계획하는 터닝포인트의 계절. 매일매일 자책 같은 반성 속에만 살아오다, 겨울이 되어서야 한 해를 돌아보게 되었다. 그래도 마냥 게으르게만 살지는 않았구나, 뭐라도 성과가 있었구나, 잘 걸어오고 있었구나, 하며 스스로를 다독였다. 그것만으로도 충분히 마음만큼은 따뜻한 계절이었다.

 그러나 올해 나의 겨울은 무기력의 계절이었다. 열심히 달려온 것도 맞고, 눈에 보이는 성과가 있었던 것도 맞았다. 그러나 그것만으로는 내게 충분히 와닿지는 않았다. 글을 쓰는 사람이 되겠다곤 했지만, 내가 생각했던 방향이 아니었기 때문이었다. 그 생각은 10대 시절의 작가에 대한 생각과 20대 시절의 작가에 대한 생각과는 또 다른 생각이었다. 기존에 계획했던 것들을 잘 성취하면 꿈을 이룰 수 있다고 생각했건만, 꿈이라는 것은 매우 변덕이 심한 친구였다.

 20대의 나는 남들에게 나를 뽐내기 좋아했던 걸까? 나는 남들에게 비치는 시선을 신경 쓰며 살아왔다. SNS 계정도 공개였고, 유튜브도 열심히 했다. 그것이 작가라는 타이틀을 얻어가기에 좋을 수도 있겠다고 생각했던 것 같다. 이른바 '스타작가'라는 멋스러운 타이틀을 거머쥐고 싶었는지도 모른다. 마케팅은 나름 해볼만하다고 생각했고, 글로써는 아직 어리숙하다고 생각해서 더 그랬을 테다. 그런 생각은 최근 한 두 달 전까지도 쭉 이어져오고 있었다.

 그러나 지금 생각은 조금 달랐다. 30대의 지금은 타인의 시선들을 챙기는 것이 부담스럽고 지쳤다. 나를 어필하고, 보여주는 것들이 나라는 이름의 브랜딩을 하는 거라고 생각했는데, 내면에서는 나도 모르는 사이 남들과 비교하며 살았던 것 같다. '어떤 작가는 저렇게 해서 성공했기 때문에'라는 수식을 붙여, 굳이 나라는 개성을 파괴해갔다. 그건 더 이상 김희영이라는 이름의 브랜딩이 아니었다. 누군가를 모방한, 제 2의 누군가 였을 뿐이었다.

사실상 현재로서는 브랜딩이니, 이미지 메이킹이니 이런 걸 신경 쓰고 싶은 생각은 없다. 다만, 글을 쓰면서 낮아진 자존감을 끌어올리는 것이 급선무였다. 타인이 좋아하는 글을 쓰는 것이 좋은 글이라고 생각했지만, 그런 글을 쓰기 이전에 '나'라는 사람이 만족하는 글을 써야 했다. 결국 '나'도 사람이기 때문에, 사람인 내가 만족을 하면 나와 비슷한 처지에 있는 사람들도 이 상황을 공감하지 않을까? 그래야만 공감으로 마음을 치유하는 힘을 독자에게 쥐여줄 수 있는 것이었다.

올 겨울 '무기력'이라는 키워드는 '허무함'에 더 가까웠다. 분명 올해도 글을 쓰면서 (누구에게 알리지는 않았으나) 몇몇 공모전에서 상을 받은 것도 있었고, 책 두어 권을 출판할 수 있는 분량의 원고도 있었고, 출판 프로젝트도 진행해봤었는데도 말이다. 지난 시기 동안, 전문성을 기르는 탄탄한 글을 쓰지 않고 오히려 나의 겉모습을 가꾸는데만 치중했다고 느꼈기 때문이었다.

"그동안 인생을 헛 산 것만 같고, 뭘 했는지도 모르겠고, 그냥 모든 게 허무하다."

친구와 나는 그런 이야기들을 했다. 우리가 그동안 얼마나 허무하게 인생을 흘려보냈으며, 어떤 허튼 짓거리(?)를 했고, 그래서 앞으로는 어떻게 살아가야 하는지를….

그러나 그런 허무함 속에서도 우리는 자신만의 정답을 안고 있었다. 그리고 충분히, 자기 자신을 위로하는 힘도 갖고 있었다.

"20대 때는 뭘 몰랐으니까 그럴 수 있지.
괜찮아, 지금처럼만 하면 돼."

20대를 '뜨거운 시기'라고 말한다면, 30대는 '은근해지는 시기'라고 말할 테다. 뒤죽박죽, 삐쭉빼쭉, 들쭉날쭉하는 그래프에서, 조금은 안정감을 갖고 흘러가는 그래프가 된 것이라고. 어쩌면 20대 때 지독하게 상처 받고, 분통을 터뜨리면서 세상을 배운 것일지도 모르겠다. 열심히 해도 이룰 수 없는 게 있고, 때론 현실 앞에서 굴복할 줄도 알아야 한다는 걸. 그런 차가운 세상을 만나, 뜨거운 열정이란 온도는 차츰 식어갔던 게 아닐까?

남 눈치를 볼 필요도 없고, 자린고비처럼 성공을 천장에 걸어둔 채 침을 삼킬 필요도 없었다. 꾸준히 하면 된다는 뻔한 말도 그렇다. 그냥, 내 마음이 편한 것이 제일이다. 내가 그것을 하기 싫으면 하지 않으면 되고, 다른 걸 해보고 싶으면 해 보면 되고, 선뜻 용기가 나지 않을 때는 기다려도 볼 수 있는 것. 서른은 어쩌면, 그런 세상의 이치들을 적용해나가는 나이가 아닐까 싶다.

대화

 찻잔에 담긴 타인의 동경이 이토록 상냥하고 따뜻한 적이 있던가? 물결 하나 일지 않는, 어느 고요한 호수처럼 커피잔은 고즈넉했다. 침묵으로 일관했던 수많은 하루 중, 오늘은 유난히도 수다가 길어졌다. 타인의 따뜻한 경청 때문이었을까? 감추어두었던 속내를 꺼내보였다기보다, 우스울 것도 없는, 그저 실없는 농담이나 이야기들만 늘어뜨렸다. 젊음을 그리워하기도, 나이 듦을 한탄하기도, 도전에 대해 희망차보기도, 실패에 대해 낙담해보기도 한 대화들. 예전 같으면 의미 있는 대화들이라고 여겼을 말들이, 지금은 그저 부질없는 오지랖이 아니었나 싶은, 겉으로 꾸며진 듯한 그런 말들.
 경청하는 이의 눈은 난처해하면서도 한편으론 아늑해 보였다. 찻잔의 잔잔한 호수처럼, 그 사람의 두 눈도 아늑하고 깊었다. 신나게 옛일들을 쏟아내다 문득 입을 다물어버렸다.

어느 순간 그가 이해하고 있는 것처럼 느껴지는 것이 아닌, 다 알고 있다는 듯한 눈빛이 되었을 때였다. 아차, 내가 주제넘었구나. 머리를 저었다.

내가 생각하는 멋진 어른의 기준이 있었다. 누군가의 힘듦을 끝까지 들어주고, 고개를 끄덕여주고, 눈물을 흘리며 힘들어할 때는 말없이 안아주기도 하는… 명확한 해답을 제시해줄 순 없어도, 제 안의 답을 찾을 수 있게끔 기다려 줄 줄도 아는, 그런 어른.

그러나 그런 어른이 되는 것은 생각보다 쉽지 않았다. 그저 고개를 끄덕이거나, 공감을 표하는 것만으로는 타인에게 전혀 위로가 되지 않을 것 같았다. 말을 덧붙이게 되었고, 그 말에 살이 붙게 되었고, 살이 붙은 말의 몸짓은 결국 무너지지 않을 단단한 참견이 되었다. 참견하는 어른은 되지 말자고 그토록 스스로를 타일렀는데, 자각하고 있으면서도 마음처럼 쉽지 않았다.

타인과의 대화가 어색해지게 되는 것도 이런 이유 때문이었다. 내 인생 사는 이야기를 들려주는 것도, 타인의 인생에 왈가왈부 떠들어대는 것도 주제넘은 참견이 되는 것 같았다. 정말 편한 친구가 아니면 무슨 이야기를, 어디서부터, 어떻게 해야 하는지 몰랐다.

결국 어색한 대화는 '왜 이런 말을 하고 있지?'로 귀결되곤 했다.

말하는 것보다 들어주는 게 더 어렵다

 최근 《치유하는 글쓰기》라는 프로그램을 진행한 적이 있었다. 1:1로 만나 수필 쓰는 법을 간단히 가르쳐주고, 그 사람의 고민과 걱정을 들어주는 프로그램이었다. 그걸 진행하면서 나는 우리나라의 상담원으로 일하시는 분들이 정말 힘드시겠다는 생각이 들었다. 들어주는 건 얼마든지 할 수 있었다. 그러나 내가 정답을 찾아줄 수 없다는 생각이 들자, 억장이 무너지는 것 같았다. 그 시간에 나는 그동안 단단히 쌓아왔던 나의 무엇이 무너지는 기분이 들었다. 그 기분을 매주마다 겪었다. 프로그램을 듣는 분들이 흡족해하며 돌아서도, 나는 그렇지 못했다. 속으로 몇 번이나 '내가 정말 도움이 되었을까?', '단순히 들어주는 것만으로도 안심이 될까?'라는 질문을 끝없이 던졌다. 질문은 허공에서 부서져서, 다시 마음 위에 눈으로 쌓였다.

 《치유하는 글쓰기》는 두 달간의 여정으로 끝이 났지만, 어디서 이야기를 들으셨는지 또 언제 프로그램을 진행하느냐고 물으시는 분들이 있었다. 그러나 나는 선뜻 "내년에도 하겠다"는 말을 하지 못했다.

 '정말 유익한 시간이었나요?'

 '내면의 상처는 어느 정도 치유가 됐나요?'

 '내가 정말 도움이 되었나요?'

 이 질문에 확신이 생길만한 답이 내 안에 생기지 않는 한 나는 다시 그 프로그램을 할 수 없을 것 같았다.

인간을 모를수록 대화하기 더 어려워진다

 최근 소설을 다시 쓰고, 읽기 시작하면서 '공감력'에 대한 결핍은 더욱더 깊어졌다. 어떤 한 인물이 되어 이야기를 이끌어 나갈 때, 어느 순간 길을 잃었다. 자신만의 독특한 성격과 삶의 배경과 가치관을 가진 인물은 이 상황을 어떻게 헤쳐 나가게 될까? 예전 같으면 지극히 작위적인 이야기들을 썼을 테다. 그리고 이런 인물이라면 '반드시' 이럴 것만 같다는 식의 설정을 했을 테다. 예를 들면 '교회의 목사는 반드시 착하다' 라던지, '범죄자는 반드시 나쁘다' 라던지. 그러나 그 '반드시'의 법칙을 깨는 설정을 만들기 시작하면서, 인물 조사를 위해 다큐멘터리나 뉴스에 집중하기 시작하면서, 나는 점점 더 사람을 모르게 되었다. 이럴 때, 이런 사람은 어떤 생각을 하게 될까? 글쎄, 내가 쓴 글 속의 인물이더라도, 잘 안다고 말할 자신이 없게 되었다.

 다시 고요한 찻잔으로 돌아와서, 나는 그 사람의 두 눈에 담긴 침묵을 보았다. 어떤 때의 나는 타인의 마음을 쉽게 이해하는 사람이라고 생각했다. 그러나 그건 아주 오만한 판단이었다. 나는 누군가와 대화를 하고 있는 중에도, 그 사람의 마음을 전혀 읽을 수 없었다. 두 눈에 담긴 고요는 그야말로 침묵이었다. 내 말에 경청하고 있는 것처럼 보였지만, 이 사람이 어떤 생각을 하고 있는지는 전혀 알 수 없었다. 찻잔을 건드리지 않으면 파동조차 일지 않는 커피처럼…. 커피의 그

잔잔하고 시커먼 적막처럼…. 나 또한 말과 생각과 감정 따위의 것들을 담아두게 되었다. 그 고요한 커피잔 속에.

"죄송해요. 너무 제 말만 많이 했네요."

나는 타인의 마음을 전혀 알지 못한다. 그러나 계속해서 누군가를 공감하기 위해 애쓰고, 노력할 것이다. 그 마음이 작가로서 내가 할 수 있는 최선일 테니까. 공감은 때론 겉으로 드러나는 행동과 제스처만으로 해결되지 않았다. 실제로 몸을 껴안아주지 않더라도, 마음이 따스함을 느낄 수 있어야 하는 것. 공감이라는 건, 나의 영혼이 타인의 영혼을 안아주는 게 아닐까? 모든 사람의 감정과 생각은 획일적이지 않으니까.

우리는 어쩌면 숱하게 흩어진 별들로, 감정이라는 우주를 유영하고 있는 건 아닐까? 단순히 기분이 좋다, 나쁘다로 판단할 수 없는…. 겉으로는 잔잔해 보이지만, 속으로는 해일이 휘몰아칠 수도 있는…. 감정이라는 것은, 그만큼 공감하기 힘든 거대한 우주일 것이라고. 그러니 공감이라는 말도 속단할 수 없는, 내가 당신의 마음을 더 잘 이해하기 위한 그저 "애씀"일테다.

나답게 살기

고등학교 다닐 때 함께 작가를 꿈꿨던 친구가 있었다. 그 친구는 시인이 되고 싶어 했고, 나는 소설가가 되고 싶어 했다. 등단을 목표로 습작품을 써서 서로에게 보여주고, 퇴고하고, 대화했다. 백일장이 열리는 가을이면 몇 시간씩 버스를 타고 함께 이동하기도 했다. 언젠가 반드시 작품성이 뛰어난 글을 쓰는 작가가 되겠노라고, 금방이라도 터질 것 같은 부푼 꿈을 나눴던 친구와 나.

내가 수시로 문예창작학과와 국문학과를 합격해서 고민하고 있을 때, 그 친구는 진정한 문학도가 되기 위해 정시 실기에 매진했다. 어쩌면 나보다도 작가에 대한 열망이 컸던 친구였다. 국문학과를 가겠다고 결정을 내렸을 때, 가장 안타까워했던 것도 그 친구였다.

"희영아, 문학을 하려면 문예창작학과를 가야지."

친구의 진심 어린 목소리는 어린 내 마음을 뒤흔들어 놓기 충분했다.

스무 살 즈음 떠난 해수욕장 여행을 끝으로, 우리는 서로 연락하지 못했다. 몸에서 멀어지면 마음에서도 멀어진다고 했던가. 우리는 먼 타지로 찢어져 각각 학교 생활을 보냈다. 간간이 전했던 소식은 점차 뜸해졌고, 친구의 이름은 내 가슴 속에서 아스라이 멀어졌다.

오랜만에 친구에게 연락했던 것은 그로부터 9년 즈음 지난 뒤였다. 그동안 꿈에 대해 방황했던 나는 언론인에 대한 꿈을 포기하고 작가로서 꿈을 다시 품었다. 그 친구가 생각났다. 잘 지내고 있을까? 그때를 그리워하며 친구에게 메시지를 보냈다. 친구는 바로 전날 본 사이처럼 반갑게 연락을 받아주었다.

지난 9년의 시간은 친구에게도 많은 고민과 결정의 날들이었다. 대학교 생활을 하며 시에서 소설로 전향했던 친구는, 오랫동안 글을 놓고 방황했다. 호주 워킹홀리데이를 가서 다른 나라 문화를 경험하고, 호주에 쭉 눌러살고자 했다. 나와 연락이 닿은 때는 다행히도 친구가 한국에서 직장생활을 하고 있을 때였다.

카페에서 간단히 이야기를 하고, 저녁과 함께 술을 마셨다. 어느덧 우리가 술을 마시며 이야기를 할 나이가 되었다니. 호호 웃으며 한 잔 두 잔 술과 함께 추억을 곁들였다.

친구와 나는 확실히 정반대의 성향을 지녔다. 친구는 자유를 위해 뛰었고, 나는 안정을 위해 참았다. 우리에게는 공통의 꿈이 있었으나, 꿈을 지켜나가는 방식이 달랐다. 멋진 친구는 한국에서 돈을 열심히 모아 호주의 대학원을 다니고 싶다고 했다. 그 말을 들으니 순간 '나는 무엇을 위해 그리도 머뭇거렸던가' 스스로 돌아보게 되었다.

우리는 각자의 삶에 대해 돌아보았다. 그리고 '후회'했다. 친구는 내가 꾸준히 글을 쓰고 있는 것, 그리고 직장생활을 하고 있는 것에 대해 부러워했고, 나는 자신이 하고 싶은 일에 대해 자유롭게 달려가는 친구가 부러웠다.

친구와 헤어지고 난 뒤, 나는 집에서 한참 밤이 그린 깊은 늪에 빠져들었다.

왜 나는 내 꿈에 확신이 없었을까?
왜 나는 용기 있게 모든 걸 내던지지 못했을까?
어쩌면 현실이라는 핑계에 숨어 살았던 건 아닐까?
왜 나는 겁쟁이같이 도전하지 않았을까?
지금이라도 모든 걸 내던지고 내 꿈에게 최선을 다해야 하는 걸까?

나는 그동안 내가 일궈온 것들에 대해 깊게 생각했다. 안정적인 것을 추구했지만, 꿈을 이루기 위해 쫓아가고 노력해왔다. 스스로 어깨를 쓸어내리면서 마음을 정리했.

"앞으로 어떻게 살아야 하는 걸까?"

회의감에 휩싸여 앞으로 나의 인생에 대해 고민하고 있던 그때, 친구가 무심코 말을 뱉었다.

"그냥 '김희영'대로 살면 돼. 그동안 계획도 잘 짜고, 이루면서 살았으니까."

이상하게 그 한마디가 후회와 불만족으로 가득했던 지난밤들을 하얗게 녹아내렸다.

'나답게 사는 것', 그건 어렵고 복잡한 일이 아니었다.

많은 사람이 자신만의 꿈을 지키기 위해 노력한다. 나처럼 꿈을 이루기 위해 참는 사람이 있고, 내 친구처럼 온 몸을 내던지는 사람도 있다. 어느 것 하나 잘못된 선택이라고 손가락질할 수 없다. 모든 것들에는 반드시 후회가 따르기 때문이다.

내가 만족스러운 인생을 살았다면, 그것만으로도 성공한 인생이 아닐까? 그런 생각을 하자 가슴이 벅차면서 행복해졌다.

잠시 답답한 안개에 휩싸였던 내 앞날이 살짝 걷힌 기분이 들었다. 나와 함께 문학을 꿈꿨던 친구가 꿈을 이루기 위해 열심히 공부하고 계획을 짜는 것처럼, 나도 앞으로 펼쳐질 내 인생에 대해 다시 계획을 짜서 실행하면 된다. 단조로운 일상에서 벗어나 새로운 나를 만들고 목표를 세우는 일. 멋진 사람이 되겠다. 언젠가 나 스스로에게 박수를 칠 날을 고대하며 나의 미래를 재설정해본다.

엄마의 치아

 타지에서 생활하느라 집에 자주 내려가 보지 못하는 나는, 가끔 시골집에 전화를 드렸다. 엄마에게 핸드폰을 하나 해드리고 싶은데, 집에서 장사를 하시는 엄마는 '됐다'는 말로 일축하시곤 하셨다.
"핸드폰 너무 복잡하고 어려워. 엄마도 이제 다 늙었다."
"엄마 아직 창창하지! 아직 할머니 아니야!"
그럼 나는 애써 그 말을 부인하곤 했다.

그러던 어느 날, 웃기지만 슬픈 사건이 하나 터졌다.
"희영아, 엄마가 있지."
핸드폰 너머의 엄마의 목소리엔 웃음기가 가득 묻어있었다.
"글쎄, 앞니가 두 개나 빠져버렸지 뭐야."
아빠가 옆에서 '엄마 이빨 맹구 돼버렸다'며 놀리시고, 엄마가 깔깔 웃으셨다. 나는 괜히 우습다가도 걱정이 돼서 엄마에게 물었다. *아니, 어쩌다가 성한 이가 빠졌대요?*

혹시나 길을 걷다 넘어지신 건 아닌지, 어디 물건에 부딪혀서 이가 빠졌던 건 아닌지 걱정이 됐다. 엄마는 내 걱정이 무색하게, 웃음을 멈추며 말씀하셨다. *아이구, 글쎄! 음식 먹다가 갑자기 이가 톡 빠져버리지 뭐야!*

갑자기 앞니가 빠졌다니…. 하지만 엄마는 생각보다 덤덤하게 (오히려 웃으시며) 괜찮다고 말씀하셨다. 나는 어서 빨리 병원에 가라고 말씀을 드렸다. 그건 지나가는 걱정이 아니라 진심이었다. 하지만 엄마는 '*지금 한창 장사할 때니, 겨울에 손님이 조금 없을 때 치아를 하겠다*'라고 말씀하셨다. 그 말에 펄쩍 뛴 건 나였다. 먹을 때도 불편하고, 웃지도 못하실 텐데 치아를 안 하시겠다니!

"*아유, 치과 비싸서 어떻게 가. 난 괜찮다.*"

엄마의 걱정은 불편한 치아보다 비용이었다. 보험이 적용되는 나이가 있는데, 그 나이 때까지 기다렸다가 하시겠다는 것이었다.

"*엄마! 그 이, 내가 해줄게! 지금 당장이라도 해!*"

걱정스러운 마음과 엄마의 덤덤한 목소리에 속상해 확 내질렀다. 그러자 엄마가 갑자기 한층 더 커진 목소리로 물으셨다.

"*정말? 딸이 해주는 거야?*"

그 목소리에는 기쁨과 천진난만함과 알 수 없는 뭉클한 마음이 밀려들었다.

 전화를 끊기 직전까지도 엄마는 재차 내게 물으셨다. *정말, 딸이 해주는 거지? 국가에서 해주는 게 아니라, 우리 딸이 해주는 거지?* 그게 가슴이 아파서 나는 울음을 참으며 대답했다. *그럼! 딸이 해주는 거지!*

 엄마 당신께서 '이제 난 나이가 들었다'는 말씀에도 '아니야, 엄마 아직 젊어!'라고 대답했던 것은, 엄마를 위로하기 위한 게 아니라 내가 엄마의 나이를 부정하고 싶었기 때문은 아니었을까? 나이가 들어 허리가 굽고, 점점 더 초라해지는 당신의 모습을 보던 엄마는, 어쩌면 기댈 곳을 찾고 계셨는지도 모르겠다.

 '우리 딸이 엄마 이 해주는 거지?'

 그 목소리가 아직도 가슴에 울린다. 엄마는 분명 동네 사람들에게 내 이야기를 하며 자랑하고 싶으셨을 것이다. *내 딸이 이 해준다고 했다!* 시골에 계신 엄마에게는 그게 낙이었을 것이다.

 그동안 나는 공부를 하느라, 회사를 다니느라, 다른 사람과 약속을 지키느라 가족에게 소홀했다. 그땐 그게 정답인 줄만 알았다. 나중에 내가 번듯한 직장에 취업을 하면, 나중에 내가 승진을 해서 좀 더 돈을 많이 벌면, 나중에 내가 좀 더 잘난 사람이 되면…. '나중에'라는 마치 보험처럼 모든 핑계에 대신 쓰이게 되었다.

'나중에'라는 말은 참 무섭다. 일을 하는 것도 마찬가지고, 가정을 지키는 것도 마찬가지다. '나중에'라는 것은 없다. 결국 하나도 남지 않았을 때 후회하는 것은 나 자신이다.

 엄마의 치아 이야기를 듣고 나서는 부쩍 집에 자주 전화하려고 노력한다. 항상 전화를 받으실 때마다 '우리 딸이 어쩐 일이야?' 보다 '밥은 먹었어?'라는 일상적인 대화가 먼저 트이길 바라면서, 오늘도 가정에 충실하도록 조금씩 노력해본다. 가족도, 인연도 나에겐 영원하지 않으니까.

계획을 이루는 기분

 어쩌면 이런 기분을 쓰는 것 자체가 다른 사람에겐 이질감이 느껴질 수도 있겠다. 사실 학창시절 때, 내 계획을 누군가에게 말한다는 것 자체가 가식적이라고 생각해 왔다. 최근에야 타인에게 말하기 시작했지, 학교에 다니던 때의 나는 누군가에게 털어놓지도 않았다. 내 친구가 기억하는 고등학교 때 내 모습은 그냥 반에서 조용히 글을 쓰는 애였다. 작가가 꿈이라는 건 알고 있었겠지만, 내가 얼마나 많은 공모전에 작품을 투고해 왔는지, 앞으로 어떤 계획을 세우고 글을 쓸 건지는 전혀 알지 못했다.
 그러나 최근에는 주변에 계획을 말하기 시작했다.
 "나는 요즘 너무 행복해. 내가 세운 계획들이 이뤄지고 내가 성장하는 걸 느낄 때마다 정말 정말 행복하거든."
 내가 '행복'을 말하자 친구가 말했다.

"요즘 내 주변에 행복하다고 말하는 사람이 없었어. 신기하기도 하고 부럽다."
"너도 할 수 있어! 우리 함께 해보자. 같이 고민해 보자!"
 계획을 말하기 시작했던 건, 나의 사람들도 내가 느끼는 행복을 느꼈으면 하는 바람에서였다.

 내가 말하는 계획은 아주 먼, 이룰 수 없는 꿈에 대한 계획이 아니다. 아주 가까운 기간에 이룰 수 있는 목표와 계획이었다. 아주 먼 시일에 이룰 수 있을 것 같은 목표를 세웠을 때는, 계획을 세우고 이루는 과정에서 스트레스를 많이 받았다. 시간이 흐를수록 '책임감'은 점점 제 몸집을 키워나갔다. 나는 이게 너무 괴로워서 '계획'에서 도망치고 싶었던 적도 많았다.
 '내가 뭘 잘할 수 있을까?'
 '내가 진짜 이걸 잘하는 게 맞나?'
 '잘하지도 못하는 데 계속해도 되는 걸까?'
 하지만 그 부담을 내려놓으니, 세상은 참 즐거운 일들로만 가득 찼다.
 계획을 지켜나간다는 건 어떤 기분일까? 많은 사람이 스스로 계획을 세우지만 그 계획을 온전히 이루는 것을 버거워한다. 요즘은 부캐 시대라고도 하지 않나. 제2의 자아가 꿈꾸는 일에 대해 고심하고, 찬란한 인생을 보내기 위해 자료를 찾는다.

~~

'내가 뭘 잘할 수 있을까?'보다 '내가 뭘 가장 좋아할까?'다

 내가 가장 많은 쾌감을 얻었던 프로젝트가 하나 있는데, 대학교 다닐 때 재능기부 강연회 팀으로 참여했던 때다. 그때 나는 영상 담당자로, 수업이 없는 공강 시간대나 수업이 완전히 끝난 6시 이후에 나의 모든 열정과 시간을 쏟았다.

 "사장님, 저희는 이런 강연회를 만드는 팀인데요. 조금만 예산 지원해 주시면, 홍보 CF 영상을 만들어서 강연회 시작 전에 상영해 드리겠습니다!"

 각자 좋아서 만드는 강연회를 준비하다 보니 당연히 예산을 지원받는 곳이 없었고, 결국 대학교 후문가를 돌아다니며 프로젝트를 소개하고 다녔다. 젊은 학생들이 백방으로 쫓아다니며 예산을 모으는 모습에 감동을 받으셨는지, 많은 사장님께서 예산을 지원해 주셨다. 협찬을 따는 친구를 따라다니며 함께 프로젝트를 소개하고, 주말을 반납하며 홍보영상을 찍었다. CF 영상은 최대한 재밌게 담아내려고 노력했다.

 그렇게 '그저 좋아서 만든' 강연 프로젝트로 시작했던 소소한 강연회는 300명을 수용하는 강의실을 가득 메운 것도 모자라, 관객이 바닥에 앉아서 강연회를 볼 정도로 대성황을 이루었다.

"희영아, 우리 한잔할 건데 후문으로 나올래?"
"미안. 나 편집해야 해"

친구들이 대학 후문가에서 놀고 있을 때, 나는 홀로 편집실에 앉아 영상 공모전에 출품할 작품을 편집했다. 그 당시에는 곤욕스러운 일이었다. 나와 어울려 놀고 싶어 하는 친구들은 서운함을 비쳤고, 나는 그럴 때마다 '어쩔 수 없다'며 난감해 했다. 그때 나도 20대 청춘이었다. 친구들과 함께 술도 마시고, 소개팅도 하며 재밌게 놀고만 싶던 때가 있었다. 그때 나는 술잔을 드는 대신, 마우스 위에 손을 얹었을 뿐이었다.

지금은 그때 술을 마시던 친구들이 내게 말했다.
"나도 그런 의미 있는 활동들을 할 걸. 술 먹고 놀기만 했지. 남는 게 없어."
돈이 되는 일은 아니었지만, 그때 나는 그 활동이 참 즐거웠다. 밤늦게까지 무대를 구상하고 강연자를 섭외하면서 많은 걸 배우고 느꼈다. 혼자 영상 편집하는 방법을 찾아보며, 나만의 기술을 연마했다. 그저 내가 좋아서 하는 일, 열정을 한껏 뿜어내는 일이 그렇게 뿌듯하고 가슴이 벅찰 수 없었다. 물론 힘든 점도 있었지만, 일을 마치고 나니 정말 '행복'했다.

내가 지치지 않고 계속해서 열정적으로 살고 싶은 이유도

이 때문이다. 열심히 살았던 20대, 그때 돌려받았던 배움과 감동을 다시 느끼며 살고 싶다. 살면서 느끼기 쉽지 않은, 인생 최대의 성취감. 계획을 지켜나가는 기분이란 이렇다. 내가 살면서 겪을 수 있는 감정 중 가장 행복하고 짜릿한 기분일 테니까.

그래서 요즘 나는 나 스스로 나의 계획과 꿈에 대해 말한다.
"우리가 좋아하는 일이 뭐가 있을까?"

성취감을 이루는 일. 계획을 지켜나가는 기분이란, 온몸에 전율이 흐르는 짜릿한 느낌이다.

영원하지 않은 것들에 대하여

 어떤 장소가 주는 기억은 복합적이다. 그날의 냄새와 추억과 감정들을 한 공간에 집약해 놓은, 변치 않는 그대로의 모습을 비춘다. 그건 마치 머릿속에 저장해놓은 하나의 살아있는 앨범 같다. 그 안에는 후회와 애정이 몸을 뒤섞으며 나를 쳐다보고 있다. '다시 돌아가면 잘할 수 있을까?'와 '다시 돌아가도 잘하지 못하겠지'라는 생각들이 혼잣말이 되어 내 곁을 맴돈다.

 차갑고 냉정했던 이별의 순간이나 좋지 않은 추억이 자리 잡고 있는 장소에는, 시간이 지나고 나면 그 찬기가 식어있다. 그땐 그랬지, 어렸으니까 그랬지, 하는 생각들이 어느새 내려앉아 있다. 상처 입던 날, 앞으로는 아프지 말자고 그렇게 다짐했건만, 그 다짐을 지켜나가지 못하고 있다. 역시 사람은 운명에 순응하는 동물이다.

기억이라는 이름은 애석하게도 영원하게 머릿속에 각인되어 있지 않다. 시간이 지날수록 조금씩 변질되고 희석돼서, 완전히 다른 것으로 변해간다. 단지 어렴풋한 그날의 분위기만이 옷에 밴 향기처럼 자리한다. 그때 밴 향기와 다짐으로 내일을 살아간다.

 슬픈 것은, 소중한 추억은 금세 잊히고, 괴로웠던 기억은 오래 남는다는 것이다. 왜 따뜻했던 것들은 금세 증발해 버리는 걸까. 추억이 칠해진 장소에서 조금씩 무뎌져 가는 기억을 붙잡는다. 그걸 붙잡을 수 있는 수단은 오로지 기록뿐이다. 그 기록을 통해서 한 번 더 다짐한다. 내일은 잊지 말자고. 지키기 어려운 약속이다.

 내가 사랑하는 사람들의 모습을 기억하고, 금세 잊어 버리는 소중한 추억을 기록한다. 많은 양이 아니어도 좋다. 그저 쉽게 날아가 버린 추억이 아니라, 좀 더 세밀하고 상냥한 기억을 위해 단 한 줄이라도 기록한다. 소박한 행복도 놓치지 않으려고…. 시간도, 장소도, 기억도 영원하지 않으니까.

밀어붙일 용기

 오랜만에 동생에게서 연락이 왔다. 우연히 집 근처에 왔는데 언니가 생각나서 연락했단다. 오랜만에 수다나 한번 털어보자고 잡은 약속이었다. 바쁘다는 이유로 만나지 못했던 시간은 서로에게 말 못 할 비밀만 만들었다. 우리는 만나자마자 이날만을 기다렸다는 듯이 그동안 있었던 일들을 털어냈다. 이때 언니는 어떻게 했어? 이럴 땐 어떻게 해야 해? 대단한 악력으로 서로를 붙잡았다.

 꼭 감춰두었던 계획들을 우박처럼 쏟아내기까지 오랜 시간이 걸리지 않았다. 타인에게 하지 못할 말들을, 동생에게는 허심탄회하게 전부 털어놓을 수 있었다. 나는 그동안 내가 가진 작가에 대한 나의 고민을 이야기했다. 동생도 나처럼 자신의 꿈을 향해 나아가고 있었기 때문이었다.

 얼마나 오랜 시간 꽉 막혀 있었던가? 동생을 만나자마자 봇

물 터지듯 흘러나온 이야기 속에는 여러 가지 감정들이 혼재했다. 그 속에는 담담한 척했지만 애써 억누르고 있던 불안감과 두려움에 대한 이야기도 섞여 있었다.

"그래도 언니는 글을 잘 쓰잖아? 책도 내고, 강연도 하고."

"그런데 나는 아직도 잘 모르겠어. 내가 글을 잘 쓰고 있는 건지. 단순히 내가 책을 냈다는 이유만으로, 누군가를 가르치고, 인생에 대해 말할 수 있는지를…. 그래서 자꾸만 검증받고 싶어 했던 것 같아. 끊임없이 필사하고, 작품을 투고하고, 책을 읽고 분석해. 어떤 날은 영화를 보고 있어도, 구성을 해체하는 내가 보이더라. 늘 불안해. 내 실력에 대해서도 말이야. 이런 내가 '작가'가 맞긴 한 걸까?"

내 이야기를 듣던 동생은 무릎을 딱 쳤다. 자신도 언젠가 그런 시기가 있었다고 말이다. 동생도 사업을 준비하면서 여러 가지 자료들을 찾아보고, 스스로 공부하면서 자신만의 방법을 터득했단다. 지금 자신이 하는 방향이 맞는 건지, 수도 없이 고민하고, 해결하기 위해 노력하는 시간이 있었다는 것이다. 어떻게 그걸 견뎌냈냐는 바보 같은 질문은 하지 않았다. 나는 그동안 동생이 자신의 실력 증진을 위해 얼마나 많이 노력해 왔는지 눈으로 보아왔기 때문이었다.

"밥벌이하는 것도 중요하지만, 나는 아직 나에 대한 믿음이나 자신감 같은 게 부족한 것 같아. 당당해지려면 나에 대한 확신부터 갖는 게 필요할 텐데 말이야."

동생은 내 말에 고개를 끄덕였다.

"언니 안에 답이 있을지도 몰라."

 동생의 말이 맞았다. 이미 나는 정답을 알고 있었다. 남들과 비교하지 않고, 부족한 면이 보인다면 노력으로 채워나갈 것. 나만의 색깔을 찾아가는 것. 그리고 꾸준히, 꽤 오래 버텨 나갈 것. 이제부터가 진짜 시작이라고 생각하니, 마음은 오히려 지치지 않고 꾸준히 나아가기를 바랐다. 조급하게 마음먹는다고 해서 일찍 해결되는 일도 아니었다. 차분하게, 들뜨지 않고 꾸준히 해나가야 하는데, 그래도 가끔 불안한 마음이 드는 건 어쩔 수 없는 일이었다. 우선 나 자신부터 사랑해야만 했다.

 방향은 알고 있다. 불안할 때 꾸준히 자신을 연마하여 두려움을 없앤 동생처럼, 나도 언젠가 내 글에 대해 자부심을 느끼고 살날이 올 것이라는 걸. 그때까지 조급하게 생각하며 자책하기보다는, 뭉근한 마음으로 나를 가꾸고 사랑하는 일에 집중하고자 한다. 어떻게 하면 잘 해낼 수 있을지 답은 알고 있으니까. 그걸 이끌어가는 것은 나의 몫이었다.

 오랜만에 동생을 만나 마음을 또 견고하게 다지는 시간을 가졌다. 흔들리지는 않지만, 가끔 지칠 때가 있다. 그러나 지쳐있으면 더 느리게 돌아가게 되리라는 것도 안다. 지칠 때마다 열심히 사는 내 사람들의 모습을 보면서, 천천히 걸어갈 수 있도록 해야겠다. 멈추지 않고, 조금씩이라도 나아가는 것. 그것이 지금 내가 할 수 있는 최선의 방법이다.

우리의 꿈에 대해

1. 나의 꿈에 대해

 감정의 바다에 빠지지 않기 위해 무던히도 노력했던 날들이 지났다. 어떻게 살아야 하는지, 이렇게 사는 게 맞는 건지 몰라 가슴앓이하던 시간들. 일상의 반복 속에 살아가는 삶이란, 마치 해일에 집어삼켜지는 느낌이었다. 해일에 떠밀려 아주 깊은 심해까지 긴 시간 동안 잠수하고 있었다. 내 코끝에서 보글보글 피어오르는 공기방울을 바라보면서, 아, 나 이제 이렇게 죽어가는구나, 했다. 뭘 해도 나아지는 것 같지 않고, 제자리걸음만 반복하는 것 같았다. 처절했던 몸짓은 점점 의미 없이 허우적거릴 뿐이었다.

 그렇게 천천히 몸도 마음도 죽어갈 때 즈음, 나는 잊고 있던 한 친구의 이름을 떠올랐다. 언젠가 이런 나의 우울에 희망을 던져주던 사람. 우울의 바다에 잠겨 죽기 직전인 나의 영혼을 끌어올려 줄 사람, 유일한 나의 단짝의 이름을.

 바다가 보이는 카페에 앉아 친구를 기다렸다. 뜨거운 커피잔에 손을 대었다 뗐다 하며 바다를 바라보았다. 철썩이는 파도소리와 겨울의 차가운 바람이 테라스 유리창에서 부서졌다.

 ― 잘 지냈어?

 친구의 가벼운 안부에 나는 웃으며 인사했다. 얼마 만에 보는 건지. 오랜만에 보는 얼굴이었지만, 친구의 얼굴은 마치 어제 본 사람처럼 정겨움이 어려있었다.

 어느 순간, 내 인생에서 꿈은 사라져 있었다. 꿈이라고 말하기에는 너무 소박했다. 등 떠밀리듯 시작한 사업은, 오히려 온 정신을 혹사시켰다. 흘러내리기 시작한 매출을 바라보며, 굳건했던 마음의 댐에 망치질을 시작했다. 조금씩 금이 가기 시작하더니 이내 폭포수처럼 물길을 쏟아내버리고 말았다. 그렇게 나의 우울이 강물로 넘쳐 바다가 되기 시작했다.

 하루 종일 사무실에 앉아 일만 했다. 하지만 일을 하면 할수록 마음은 더욱더 공허해져 갔다. 열심히 하고 있는데, 열심히 하고 있는 것 같지 않았다. 어떤 날은 화장실 변기에 코를 박고 헛구역질을 할 정도로, 일에 내 몸을 혹사한 적도 있었다. 아무리 다른 걸 배우고, 공부하고, 실패하고, 깨닫고를 반복해봤자 나아지는 것은 아무것도 없었다. 열심히 하는데, 열심히 하지 않는 것. 내 정신은 온통 광기 어린 집착으로 매몰되었다.

— 이걸 꿈이라고 말할 수 있을까? 난 무서워. 이러다 내가 정말 좋아하는 것을 포기하게 될까 봐.

내 말을 듣던 친구가 한참 뒤에야 고개를 저으며 말했다.

— 난 네가 널 더 사랑했으면 좋겠어.

고개를 든 친구가 다정한 목소리로 내게 말했다.

— 왜 열심히 하지 않는다고 자신을 구박하는 거야. 난 네가 정말 멋지다고 생각하는걸.

그러면서 친구는 내 어깨를 끌어안아 주었다. 그 따스한 온기에 나는 어떤 말도 하지 못했다. 친구는 알고 있었다. 내가 얼마나 이 걱정을 가슴에 담아두고 있었는지를. 나는 나도 모르게 눈물을 흘렸다. 잇새로 울음이 슬금슬금 새어 나오더니, 나는 이내 아이처럼 엉엉 울음을 터뜨렸다. 턱밑까지 차올라있던 내 우울의 바다가 차츰 줄어드는 순간이었다.

2. 너의 꿈에 대해

친구는 멋진 서예가가 되고 싶어 했다. 새하얀 붓에 먹을 묻혀 멋스럽게 휘갈기는 모습이란, 누구든 반하지 않고서는 못 배겼다. 집에서 한 시간이나 가야 하는 거리를 지하철로 왔다 갔다 하며, 꼭두새벽부터 해가 질 시간까지 서실에 붙어 있었다. 나는 있지, 나중에 내 전시회도 열고, 작품도 팔고 그럴 거야. 친구의 두 눈은 희망과 꿈으로 부풀어 있었다.

그런 친구가 사랑하는 사람을 만나 가정을 꾸리고, 어여쁜 한 아이의 엄마가 되었다. 친구는 한 남자의 아내로, 한 아이의 엄마로서 삶에 충실했다. 사랑이라는 황홀한 바다는 순식간에 시간을 집어삼켰다. 시간이 얼마나 흘렀는지도 모르게, 사랑이란 이름의 바다는 꿈을 향해 돌진하던 친구의 시야를 가렸다.

 서른에 다다르고 나자, 친구는 빼앗겼던 시간에 대해 회상했다. 왜 그동안 나는 열심히 살지 못했는지, 늘 게으르기만 했는지 자책했다. 또 한때는 어쩔 수 없었다며 자신을 위로했다가 더 깊은 우울감에 휩싸였다. 충분히 모든 것을 해낼 수 있었다며, 끝없는 반성의 바다에 자신을 밀어 넣었다.

 ─ 난 분명 열심히 살려고 노력했는데, 돌아보니 열심히 살지 못했어.

 친구는 원망 섞인 목소리로 울분을 토했다. 그 어두운 우울은, 그 친구의 마음에 쌓인 사랑의 바다를 원망하기 시작했다. 멋진 서예가가 되고 싶었고, 너랑 전시회도 열고 싶었고, 누군가에게 글씨를 가르쳐주고도 싶었어. 친구의 서글픈 고백이 내 가슴에도 잔잔히 스며들었다.

 ─ 넌 충분히 열심히 살았어. 사랑하는 사람들을 위해, 또 너 자신을 위해서. 어떤 것 하나 헛되지 않은 시간이었잖아.

 나는 친구의 손등을 포개 따뜻하게 만져주었다. 눈시울을 붉히던 친구가 천천히 나를 올려다보았다. 눈가에 눈물이 차올라있었다.

 ─ 네가 이루지 못했던 서예가, 다시 해보자. 우리 모두 꿈을 잃지 않도록 잡아주자. 내 출판사에서 너 책도 내고, 서예

전시회도 열고. 우리가 우리의 꿈을 만들어내면, 분명 더 찬란하고 멋진 꿈이 될 거야.

 나는 미소 지으며 친구의 어깨를 쓸어주었다. 그러자 친구가 눈물을 훔쳐내며 미소 지었다.

— 고마워.

친구의 말에 나도 웃으며 답했다.

— 내가 더 고마워.

우리는 서로의 얼굴을 바라보며 포근한 미소를 지었다.

3. 우리의 꿈을 위해

 우리는 각자의 독백을 안고 있었다. 말 못 할 고민이나 생각 같은 것들은, 입 밖으로 터져 나오는 순간 증기처럼 흩어질 걸 알았으니까. 꿈 따위는 오히려 타인에게 털어놔야지만 단단해진다고 했지만, 그런 말은 우리에게 전혀 적용되지 않는 것 같았다. 현실은 그렇게도 굳은 심지 같은 다짐을 쉽게 파괴해버리고 말았다. 이것 봐, 너희들의 꿈은 아무것도 아니야, 라며 비아냥거리듯이.

 우리는 우리의 현실에 도전하듯 내달렸다. 한때는 각자의 꿈이었으나, 이제는 우리의 꿈이기도 했다. 우리는 아주 찬란한 은하를 향해 비행하는 아주 작은 우주선이 되었다. 이곳저곳 타인이라는 이름의 행성에 정착하며 나름의 경험을 쌓아갔다. 어떤 행성은 좋은 기억이 되었고, 또 어떤 행성은 떠올리기조차 싫은 나쁜 기억이 되었다. 그래도 그저 좋다고 고개를 끄덕일 수 있었던 것은, 이 모든 것을 '지나간 경험'이라고 치부할 수 있었기 때문이었다.

찬란한 윤슬을 바라보며, 뜨거운 커피잔을 맞대고는 꿈을 읊었다. 해보고 싶었던 것들과 해봐도 좋을 것들, 새로운 것들에 대한 이야기를 나누다 우리는 문득 이 대화가 꿈을 향한 여정의 시작이라는 걸 깨달았다. 우리는 '무언가'가 되고 싶지 않았다. 우리는 그저 '자신'이 되고 싶어 했다.

성공한 누군가의 삶을 흉내 내야만 정답인 줄 알았던 시간들이었다. 우리는 그 시기를 '방황'이라고 부르기로 했다. 방황. 대학생 때 지독히도 했던 방황을, 스물 다섯 때 뜨겁게도 골몰하던 방황을 서른의 언저리에서도 똑같이 하고 있다는 것이 우스울 정도로 바보 같았다. 왜 우리는 늘 방황만 했던 걸까? 왜 또렷하게 정답을 찾지 못했던 걸까? 정답을 찾지 못했던 건, 어쩌면 인생에 '정답'이 없기 때문은 아닐까? 그럼 어떻게든 살아도 '정답'이 되는 건 아닐까?

우리가 하고 싶은 꿈은 어떤 직업이 되는 것도, 특별한 삶을 사는 것도 아니었다. 우리가 행복하면 그건 이미 꿈을 이루며 사는 삶이었다. 우리가 희망하던 것들을 진심으로 바라보게 되었을 때, 그걸 조금씩 성취해나가기 시작했을 때, 그것들은 곧 우리의 꿈이 되었다. 우리가 간절히 바라던, 바로 거창한 '꿈'이라는 것은, 우리 주변에 아주 가까이 붙어 있었다.

어느새 차갑게 식어버린 커피잔을 내려놓으며, 일렁이는 윤

슬과 수평선을 가로질러 비상하는 갈매기와 꿈으로 반짝이는 서로의 눈을 바라보았다. 우리는 굳이 거창한 꿈을 내뱉지 않았다. 단단했던 고민이 깨지고, 내면에 자신만의 답을 찾았다는 걸, 우리는 두 눈을 보고 확인했다.
— 행복해지자, 우리.
— 그래, 좋아.
우리는 그 어느 때보다 아름다운 눈빛으로, 서로의 꿈을 응원했다.

내가 사랑하는 사람들에게

내가 사랑하던 것들,
또는 내가 사랑하던 모든 사람들에게
나는 늘 어떤 모습으로 비칠지만 생각하곤 했어

모든 사람들을 행복하게 해 줄 수 없는 거라고,
그건 욕심이라는 말도 들어보았지만

나는 천성이 그러했던지
타인들에게 사랑받기 위해 부지런히 뛰어다녔지
그 과정에서 상처도 많이 받고, 마음의 문을 닫기도 했어

하지만, 이제는 알아.
내가 누군가에게 사랑받기 위해 애쓰기보다는

누군가가 나를 사랑할 수 있게 만드는,
이런 내 모습도 사랑해 줄 수 있는 사람들과
오래오래 같이 살아야겠다고 말이야

나는 오늘도
내가 무척이나 사랑하는 사람들,
그리고 나를 진심으로 사랑하는 사람들과 함께
하루의 공백을 채워나가

가끔 삶이 허망하고 삭막하다고 느껴질 때,
그들은 마치 끊어지지 않는 내 삶의
긴 문장에 마침표를 찍어주는 것 같아
이제 그만 헤엄쳐도 된다고, 천천히 가도 된다고 말이야

글을 쓸 때 가장 필요한 건
잠시 쉬어 가는 쉼표가 아니라,
한 문장을 매듭지을 수 있는 마침표라는 걸

그런 마침표가 바로 너라는 걸
나는 오늘 하루도 소중하게 깨달아 가

어제보다 오늘 더 행복해지자.
부지런히 행복하자.

단념하듯 무심하게

1판 1쇄 발행(초판) 2024년 10월 1일
2판 1쇄 발행 2025년 7월 21일

지은이 | 김희영
펴낸곳 | 문학공방
출판등록 | 2018년 11월 28일 제25100-2018-000026호

ISBN 979-11-965578-6-7(03800)

* 잘못 인쇄된 책은 서점에서 교환해 드립니다.
* 책 내용의 전부 또는 일부를 이용하려면 저작권자와 출판사의 동의를 받아야 합니다.
* 이 도서의 국립중앙도서관 출판예정도서목록(CIP)은 서지정보유통지원시스템 홈페이지(http://seoji.nl.go.kr)와 국가자료종합목록시스템(http://www.nl.go.kr/kolisnet)에서 이용하실 수 있습니다. (CIP제어번호 : CIP2018039722)